SIMPLISSIME

Sizilien

DER PRAKTISCHSTE REISEFÜHRER DER WELT

EINFACH LOS!

BRUCKMANN

WAS IST DAS BESONDERE AN DIESEM REISEFÜHRER?

– Es ist ein Reiseführer für alle Reisenden und alle Arten von Reisen: mit der Familie oder mit Freunden, für jedes Budget, mit dem Auto oder mit öffentlichen Verkehrsmitteln.
– Sie finden sämtliche Informationen, die Sie brauchen, um Ihren Urlaub gut vorzubereiten.
– Es ist ein Buch, das sich auf das Wesentliche einer Reise konzentriert, damit Sie nichts von dem verpassen, was man unbedingt gesehen haben muss.
– Das Buch hat eine Autorin, die ihre Lieblingsadressen nennt: Restaurants mit lokalen Spezialitäten, Bars und Cafés für entspannte Pausen, die lohnendsten Sehenswürdigkeiten und vieles andere mehr.

Dieses Buch besteht aus vier Teilen:

- **Praktische Infos** zum Reiseziel: Klima, Gesundheit, Lebenshaltungskosten, Transport, Unterkunft und mehr – alle praktischen Dinge, die Sie zur Vorbereitung Ihres Urlaubs und für eine entspannte Zeit vor Ort benötigen.
- Die **Themen der Region:** Dieser Abschnitt hilft Ihnen bei der Planung Ihrer Reise. Suchen Sie sich hier Ihre persönlichen Highlights aus.
- Die **Touren:** zwei Tourenvorschläge für Sizilien (Der Westen und Der Osten). Jeder Ort wird ausführlich mit **Zwischenstopps** beschrieben. Sie erhalten Tipps für Besichtigungen und Aktivitäten, gute Adressen und **detaillierte Routen**, um von einem Zwischenstopp zum anderen zu gelangen. Karten und Stadtpläne unterstützen Sie dabei. Manchmal schlagen wir auch vor, einen Abstecher in Form eines **Tagesausflugs** zu machen.
- Ein sehr praktisches **Register**, das viele nützliche Informationen und Öffnungszeiten für einzelne Sehenswürdigkeiten auflistet.

Womit anfangen?

Wählen Sie die Region Siziliens, die Sie besuchen möchten: **Tour 1** (Der Westen: Rundfahrt ab Palermo, S. 44) oder **Tour 2** (Der Osten: Ätna und Barockstädte, S. 106).

Vor der Abreise

Buchen Sie Ihren Flug (S. 10) und Ihre Unterkunft (S. 13) entsprechend den vorgeschlagenen Zwischenstopps. Die Flüge und Entfernungen sind ab Berlin angegeben, die Einreiseformalitäten gelten für deutsche Staatsangehörige.

Öffnungszeiten

Sind Sehenswürdigkeiten an bestimmten Tagen geschlossen, vermerken wir dies. Weitere Informationen finden Sie im Register oder auf der entsprechenden Internetseite.

Reservierungen

Für manche Sehenswürdigkeiten müssen Sie Tickets im Voraus buchen. Darauf weisen wir immer hin.

Sind Sie bereit? Dann lesen Sie weiter und genießen Sie Ihre Reise!

INHALT

PRAKTISCHE INFOS

DIE THEMEN DER REGION

TOUR 1

TOUREN

TOUR 2

BAM BAR
GRANITE
ARTIGIANALE DEL LOCALE
PRODUZIONE
BAM BAR
Caffè
Mandorla
Pesca
Ananas
Arancia
Anguria
Limone
Fichi
Fragol
Melon

Bereiten Sie Ihre Reise vor und genießen Sie Ihren Urlaub, ohne auf der größten Insel des Mittelmeers etwas zu verpassen. Normannische Paläste, barocke Kirchen, griechische Tempel ..., lassen Sie sich von der architektonischen Pracht der sizilianischen Städte verzaubern. Erklimmen Sie den Gipfel des Ätna oder des Stromboli, erleben Sie die bunten Märkte von Palermo und Catania, schlendern Sie durch die malerischen Gassen von Syrakus und erholen Sie sich an den Stränden mit türkisfarbenem Wasser. Probieren Sie köstliche *cannoli*, *arancini* und *granite* und verbringen Sie einfach eine schöne Zeit. Wenn Sie von Sizilien träumen, fahren Sie einfach hin!

100 % SIZILIEN

Um die Lieblingsadressen der Einheimischen zu erfahren, suchen Sie nach diesem Piktogramm, das die von **Lucie Tournebize** ausgewählten Orte kennzeichnet. Lucie liebt Italien so sehr, dass sie Venedig zu ihrer Wahlheimat erkoren hat (www.occhiodilucie.com). Von dort macht sie sich regelmäßig auf, um das Land zu entdecken. In Sizilien begeistert sie das Streetfood auf den Märkten von Palermo, und immer wieder verliert sie sich zwischen den Ruinen griechischer Tempel vor der Kulisse des tiefblauen Meeres.

SIZILIEN IN KÜRZE

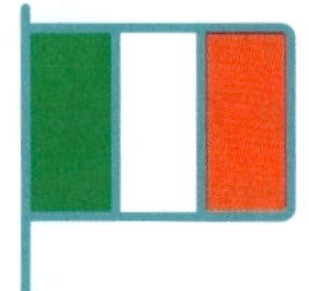

Sizilien
Autonome Region in Italien
Hauptstadt: Palermo

2.30 Std. Flug
Von Berlin nach Palermo

Personalausweis oder Reisepass

Keine Zeitverschiebung
Sommer und Winter

Italienisch, rund 90 % der Einwohner sprechen den sizilianischen Dialekt

Euro (€)

5 Mio. Einwohner
8 % der Bevölkerung Italiens

Fläche

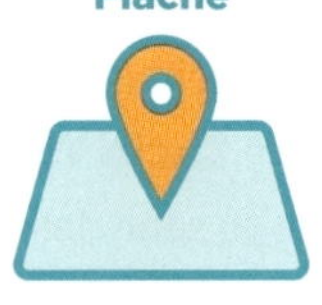

25 800 km²
8,5 % der Fläche Italiens

Liparische Inseln

PALERMO

Cefalù

Messina

Castellammare del Golfo

Taormina

SIZILIEN

Enna

Catania

Agrigent

Piazza Armerina

Syrakus

Ragusa

Noto

MITTELMEER

0 40 80 km

ANREISE

FLUGZEUG

Drei internationale Flughäfen werden von mehreren deutschen Städten bedient (meist mit Umsteigen in Rom oder Mailand)

- **Palermo** (Aeroporto Falcone-Borsellino) www.gesap.it
- **Catania** (Aeroporto Catania-Fontanarossa) www.aeroporto.catania.it
- **Trapani** (Aeroporto Vicenzo Florio) www.aeroportotrapani.com

Flugzeit: 2.30 Std. Berlin–Palermo, 2.35 Std. Berlin–Catania

PREIS FÜR EIN RÜCKFLUGTICKET

• Berlin–Catania

230 €	**Durchschnitt**
180 €	**Guter Preis**
115 €	**Super Preis!**

• Berlin–Palermo

250 €	**Durchschnitt**
200 €	**Guter Preis**
130 €	**Super Preis!**

Die Preise sind im Jahresdurchschnitt angegeben. In der Hochsaison (Juni–Aug.) liegen sie höher.

FÄHRE

Genua–Palermo
Eine Überfahrt pro Tag, Dauer ca. 20 Std., Reederei: Grandi Navi Veloci (GNV), www.gnv.it

- Die **Liparischen Inseln** sind mit der Fähre erreichbar, vor allem von Milazzo aus (siehe S. 174).

CASA
VACANZE

KLIMA

BESTE REISEZEIT

Mai, Juni und September wegen des milden Klimas, das Wandern und Baden ermöglicht und um den Massen zu entgehen. Im Frühling ist die Natur sehr prachtvoll (blühende Felder).

DURCHSCHNITTS-TEMPERATUR (min./max.)

Frühling: 11/24°C
Sommer: 21/30°C
Herbst: 12/25°C
Winter: 8/16°C

WASSER-TEMPERATUR

Mai: 19°C
August: 26°C
Oktober: 23°C
Dezember: 16,5°C
Strände im Süden: + 1°C

HOCHSAISON

Im Hochsommer, vor allem um den 15. August *(ferragosto)*, steigen die Preise und die Temperaturen. Buchen Sie Flüge und Unterkünfte weit im Voraus und planen Sie kühle Aktivitäten: Vulkane und Kirchen!

MILDE UND FEUCHTE WINTER

Die Regenfälle konzentrieren sich hauptsächlich auf die Zeit zwischen Oktober und Januar. Im Landesinneren kann es ziemlich kalt werden, auf dem Ätna und in der Madonie schneit es.

SCHIROKKO

Dieser heiße Wind weht an etwa 20 Tagen im Jahr von der Sahara Richtung Mittelmeer (oft im Frühsommer und Spätherbst). Er ist sehr trocken, sandhaltig und kann mehrere Tage am Stück anhalten.

ÜBERNACHTEN

UNTERKUNFT

• **Hotels** sind insgesamt hochpreisig – vor allem in den Urlaubsorten und auf den Liparischen Inseln – und eher altmodisch. Buchen Sie so früh wie möglich. Das Frühstück *(colazione)* ist meist inbegriffen. Für Paare: *camera matrimoniale* oder *camera doppia con letto matrimoniale* (Doppelzimmer).
• ***Locanda (pensione)*:** Eine Familienunterkunft, die in der Regel günstiger ist als ein Hotel. Es ist nicht ungewöhnlich, dass man sich ein Badezimmer teilt.
• **B & B:** Gästehäuser, von einfach bis luxuriös ...
• ***Affittacamere*:** Zimmer in Privathaushalten zu niedrigen Preisen, oft mit sehr einfachem Komfort ausgestattet.
Lassen Sie sich Ihre Buchung per E-Mail bestätigen, wenn Sie direkt mit dem Gastgeber in Kontakt stehen. Es gibt eine große Auswahl verschiedenster Unterkünfte auf den einschlägigen Buchungsplattformen.

AGRITURISMO (URLAUB AUF DEM BAUERNHOF)

Diese landwirtschaftlichen Betriebe, die Gästezimmer oder Ferienwohnungen zur Verfügung stellen, sind vielleicht die beste Art, Sizilien ganz nah zu erleben. Nicht selten liegen sie an attraktiven, aber abgelegenen Orten. In der Regel wird auch ein Abendessen angeboten (traditionelle Küche und lokale Produkte sind garantiert!). Beachten Sie, dass Sie motorisiert sein sollten und dass in der Hochsaison oft eine Mindestanzahl an Übernachtungen gebucht werden muss.

UNTERWEGS

AUTO

• Das **Auto** ist sicher am bequemsten, da öffentliche Verkehrsmittel nur die Hauptverkehrsachsen bedienen.
• **Autobahnen** *(autostrade)* und **Nationalstraßen** *(SS, strade statali)* sind in gutem Zustand, **Landstraßen** *(SP, strade provinciali)* oftmals nicht.
• **Mietwagen** Es gibt kein Mindestalter, aber Sie müssen mindestens ein Jahr im Besitz eines Führerscheins sein (oft gibt es einen Aufschlag für Fahrer unter 25 Jahren) und eine Kreditkarte vorzeigen. Inspizieren Sie für das Übergabeprotokoll gründlich das Fahrzeug und prüfen Sie den Füllstand des Benzintanks. Lesen Sie die Bedingungen der Versicherung genau durch und nehmen Sie, wenn möglich, ein Navi oder eine Karte mit, viele Straßen sind schlecht ausgeschildert.
• **Achtung:** Statt Stoppschilder, weiße Linien und Vorfahrtsregeln zu beachten, benutzen Sizilianer häufig die Hupe.
• Abblendlicht auch tagsüber auf Autobahnen und Schnellstraßen einschalten.
• **Strafzettel:** Zahlen Sie sofort, sonst wird es immer teurer.
• Personen auf dem Beifahrersitz müssen mindestens zwölf Jahre alt sein.

PARKEN

• **Parkplätze** Weiße Linie = kostenlos, gelbe Linie = nur für Anwohner, blaue Linie = gebührenpflichtig mit Parkuhr, Parkscheibe oder Parkschein *(scheda parcheggio)*, der in Tabakläden, Bars oder Geschäften in der Nachbarschaft erhältlich ist, erst freigerubbelt werden muss und hinter der Windschutzscheibe des Fahrzeugs anzubringen ist.
• Nutzen Sie **Parkhäuser** und **öffentliche Parkflächen**: Die Suche nach einem Parkplatz in der Innenstadt kann zum Albtraum werden.
• **ZTL (Zona Traffico Limitato):** In größeren Städten und touristischen Zentren sind diese Zonen Anwohnern vorbehalten. Seien Sie aufmerksam, die ZTL sind oft nicht deutlich gekennzeichnet (Schild mit weißem Kreis und rotem Rand). Überwachungskameras identifizieren Falschparker, bisweilen erhält man zu Hause Monate später noch einen Bußgeldbescheid. Befindet sich Ihr Hotel in einer ZTL, übermitteln Sie Ihr Autokennzeichen, damit es gegebenenfalls die notwendigen Schritte bei den Behörden einleiten kann.

TANKEN

- Etwas teurer als zu Hause
- Mit Service (*fare rifornimento* für eine Tankfüllung) oder »self«: Benzinbetrag eingeben (Bankkarte oder Bargeld) und tanken.

VERKEHRS-REGELN

- 50 km/h (Ortschaft), 90 km/h (Landstraße), 130 km/h (Autobahn)
- Promillegrenze: 0,5

TAXI

Um böse Überraschungen zu vermeiden: Überprüfen Sie, ob der Taxameter eingeschaltet ist. Wenn nicht, vereinbaren Sie vor Abfahrt einen Festpreis.

FÄHRE

Wenn Sie im Sommer die **Liparischen Inseln** bereisen wollen, sollten Sie lange im Voraus buchen. Achtung: Die Überfahrten können wegen Unwetter im letzten Moment abgesagt werden. Planen Sie einen Tag Puffer ein, bevor Sie den Rückflug antreten (siehe S. 174).

MOTORROLLER

Die Vespa ist zwar ein Mythos, aber von ihrer Benutzung in Sizilien raten wir ab, da sie im Straßenverkehr gefährlich ist. Vor allem, wenn man noch nie zuvor mit einem Roller gefahren ist. Beschränken Sie sich besser darauf, sie zu fotografieren!

BUS UND BAHN

Bus: Effizient und kostengünstig auf den Hauptstraßen, mehrere Unternehmen. **Bahn:** Empfohlen für die Strecke Palermo–Messina (über Cefalù) und Messina–Catania. Der Rest des Netzes ist langsam, veraltet und unpünktlich. Nehmen Sie Intercity-Züge oder Regionale Veloce; sehr preiswert. www.trenitalia.com

GELD

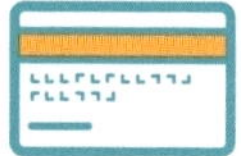

BARGELDLOS ZAHLEN

• Bankkarten werden in den meisten Hotels und Restaurants akzeptiert. Vorsicht bei *agriturismi*, kleinen Trattorien oder Dorfläden, die manchmal nur Bargeld annehmen.
• *Bancomat*: Geldausgabeautomat.
• Bei Kartenzahlung entstehen keine Zusatzkosten. Bei einer Abhebung fallen Gebühren durch die Heimatbank an. Erkundigen Sie sich bei Ihrem Geldinstitut nach den Höchstgrenzen für Zahlungen und Abhebungen im Ausland.

FREIER EINTRITT UND ERMÄSSIGUNGEN

• Die **nationalen Museen** sind für alle Besucher unter 18 Jahren kostenlos, es gibt Ermäßigungen für Studenten unter 25 Jahren. Am ersten Sonntag im Monat gilt freier Eintritt für alle.

• In Palermo, Agrigent und Syrakus können **Kombikarten** für verschiedene Sehenswürdigkeiten erworben werden.

AUSGABEN

• Espresso: 0,80–1,20 € (am Tresen)
• Museumseintritt: 5–12 €
• Taxifahrt: 10–15 €
• Ein Glas Bier: ca. 1,50 €
• Eine Pizza: 4–10 €
• Take-away-Mahlzeit: weniger als 10 €
• Komplette Mahlzeit im Restaurant: 20–25 €
• Doppelzimmer in einer Pension: 60–80 €
• Doppelzimmer in einem Hotel: 80–130 €
• Mietwagen: 35–40 €/Tag

IM ALLTAG

KIRCHEN

- Betreten Sie den Innenraum in angemessener Kleidung (keine Shorts oder Miniröcke).
- Tragen Sie immer etwas bei sich, mit dem Sie Ihre Schultern bedecken können (Schal, Tuch).

AM STRAND

Wie sehr oft in Italien, sind fast alle sizilianischen Strände gebührenpflichtig (mit Sonnenschirmen und Liegestühlen). Manchmal liegen öffentliche Strände in der Nähe, oder man sucht einen abgelegeneren Bereich.

STROM

Die Steckdosen haben drei Löcher (Typ-L), aber man kann auch heimische Ladegeräte für Telefone oder Kameras (Typ-C) einstecken. Für Geräte mit Schukostecker (Typ-F) ist ein Adapter erforderlich.

IM RESTAURANT

GUT ZU WISSEN

• Eine **trattoria** serviert eine einfache, qualitativ hochwertige lokale Küche. Eine **osteria** ähnelt einer Weinstube. Im **ristorante** ist der Service gehobener.

• Auf der Karte finden Sie **antipasti**: Gemüse in Öl, Oliven, Wurst etc., **primi**: Nudel- bzw. Reisgericht; **secondi**: Fleisch oder Fisch (die Beilage, **contorno**, wird separat serviert). Zum Abschluss folgen die **dolci**, die Nachspeisen.

• Die Rechnung erhöht sich um **pane e coperto** (Brot & Service), 1,50–3 €/Pers.

ESSEN TO GO

Für ein leichtes Mittagessen oder Picknick können Sie sich in einem **alimentari** (Lebensmittelladen) ein *panino* nach Ihrem Wunsch besorgen oder in einer **panificio-pasticceria** (Bäckerei/Konditorei) ein Stück Pizza oder Focaccia (belegtes Brot) kaufen.

NACH DEM MITTAGESSEN

Il pisolino (Siesta)

Nach dem Mittagessen folgt die Siesta, und viele Einheimische legen ein Mittagsschläfchen ein. Die Geschäfte bleiben dann oft bis 16 Uhr geschlossen. Diese alte Tradition geht wie anderswo in Italien in den Großstädten allerdings allmählich verloren.

VOR DEM ABENDESSEN

La passeggiata (Spaziergang)

Die *passeggiata* ist ein täglich wiederkehrendes Ritual: Am Ende des Tages schlendert man vor Sonnenuntergang als Paar oder Familie gemütlich durch die Stadt – gut gekleidet, man grüßt sich, isst ein Eis ... Ein Brauch, der in Sizilien immer noch sehr präsent ist.

IM CAFÉ

Wie bestellt man?

An der Theke wird der Kaffee vor dem Trinken bezahlt.
ristretto: besonders stark
lungo/americano: verlängert
Latte macchiato: Milch mit Espresso
con latte: mit Milch

TRINKGELD

Nicht verpflichtend. Es ist üblich, an der Theke, an der man seinen Kaffee bestellt, ein paar Cent zu hinterlassen. Runden Sie im Taxi auf den nächsten Euro auf.

EIN WENIG ITALIENISCH

Ja	Si
Nein	No
Guten Tag	Buon giorno
Guten Abend	Buona sera
Entschuldigung	Scusi
Bitte	Per favore
Danke	Grazie
Sprechen Sie Deutsch? Englisch?	Parla tedesco? inglese?
Ich verstehe nicht	Non capisco
Wie viel kostet das?	Quanto costa ?

FESTE UND FEIERTAGE

Gesetzliche Feiertage

1. Januar	Capodanno
6. Januar	Epifania
Ostermontag	Pasquetta
25. April	Festa della Liberazione
1. Mai	Festa del lavoro
2. Juni	Festa della Repubblica
15. August	Ferragosto
1. November	Ognissanti
8. Dezember	Immacolata Concezione
25. Dezember	Natale
26. Dezember	Santo Stefano

SETTIMANA SANTA

Während der Karwoche finden traditionell spektakuläre Prozessionen und Umzüge statt, bei denen viele Menschen die Passion Christi mit Inbrunst nacherleben (Büßerzüge) – ein unbedingt sehenswertes Schauspiel von Palmsonntag bis Ostersonntag.

AGATA, ROSALIA UND LUCIA

Die drei Heiligen, die man in Sizilien kennen sollte! Sie werden in ihren Städten groß gefeiert. Santa Agata, die Schutzpatronin von Catania (3.–5. Feb.), Santa Rosalia, die Schutzheilige von Palermo (14./15. Juli) und Santa Lucia, die Patronin von Syrakus (13. und 20. Dez.).

NICHT VERPASSEN

Der Karneval in **Acireale** gilt als einer der bedeutendsten in ganz Italien.
Der **Palio dei Normanni** wird vom 12. bis 14. Aug. in Piazza Armerina abgehalten.
Taormina Arte: Oper, Tanz, Konzerte und Theater im Teatro Greco (Juni–Sept.)

CONFRATERNITA
S. BARBARA

TELEFON UND INTERNET

• In Italien bestehen Telefonnummern (Festnetz und Handy) aus acht bis zehn Ziffern. Handynummern beginnen mit einer 3, ohne Ortsvorwahl (z. B. ✆ 34 93 56 28 89).

ROAMING

Auch wenn Roaminggebühren im EU-Ausland nicht mehr erhoben werden, kann das Herunterladen von Daten schnell ins Geld gehen. Bevor Sie Ihr Limit überschreiten, erhalten Sie in der Regel eine Warnung Ihres Anbieters. Wer im Urlaub viel online unterwegs sein möchte, kann Datenpakete extra erwerben.

GESUNDHEIT UND SICHERHEIT

GESUNDHEIT

Vor der Abreise sollten Sie sich eine **Europäische Krankenversicherungskarte** besorgen, damit die Kosten für die medizinische Versorgung vor Ort übernommen werden. Um die Kosten erstattet zu bekommen, müssen Sie sich in einem öffentlichen Krankenhaus behandeln lassen, die Wartezeiten können dort allerdings sehr lang sein.

NOTFALL

Unfall: 112
(Euronotruf)

Polizei *(polizia)*:
113

Feuerwehr
***(vigili del fuoco)*:**
115

SICHERHEIT

- Lassen Sie keine Wertsachen in Ihrem geparkten **Auto** und platzieren Sie auf dem Beifahrersitz Ihre Tasche nicht auf dem Schoß.
- In der **Öffentlichkeit** auf Wertgegenstände achten (nicht in den Gesäßtaschen); tragen Sie Ihre Tasche eher vorne als auf dem Rücken.
- Die Vorsichtsmaßnahmen betreffen Taschendiebstähle, die Mafia kümmert sich nicht um Touristen (siehe S. 42).

DIE SCHÖNSTEN STRÄNDE

Spiaggia di Mondello
Liebling der Einwohner von Palermo

San Vito Lo Capo
Ganz nah am Naturreservat Zingaro

Eraclea Minoa
Sizilianer kennen das Geheimnis des Schlamms

Scala dei Turchi
Türkisfarbenes Wasser und Kalksteinfelsen

Spiaggia di Calamosche, im Naturreservat Vendicari

Spiaggia della Marchese
Versteckt gelegen

Liparische Inseln

Spiaggia di Mondello
Mondello
S. 70

San Vito Lo Capo
S. 76

PALERMO

Cefalù

Messina

Castellammare del Golfo

Taormina

SIZILIEN

Enna

Catania

S. 80
Eraclea Minoa

S. 80
Scala dei Turchi

Agrigent

Piazza Armerina

Syrakus

Spiaggia della Marchese
S. 148

Avola

Ragusa

Noto

S. 148
Spiaggia di Calamosche

MITTELMEER

0 40 80 km

SIZILIENS VULKANE

DER ÄTNA
»A Muntagna«

Mit einer Höhe von rund 3350 m ist der Ätna der höchste aktive Vulkan Europas. Im 20. Jh. kam es zu beinahe 100 Eruptionen, er wird ständig überwacht, und der Zugang zum Gipfel ist immer wieder untersagt. Aus den vier Kratern auf seinem Gipfel schleudert er von Zeit zu Zeit Schlacke, Asche, Gestein und Gas heraus, wodurch sich seine Höhe ständig verändert. Noch gefährlicher sind die Emissionen geschmolzener Lava aus den Seitenkratern. Die denkwürdigste Episode ist der Ausbruch von 1669 an der Südseite: Vier Monate lang vernichteten die Lavaströme alles auf ihrem Weg zum Meer. Auch große Teile Catanias wurden seinerzeit zerstört.

DIE VULKANE DER LIPARISCHEN INSELN

Die Liparischen Inseln, auch als Äolische Inseln bekannt, liegen genau dort, wo die tektonischen Platten Eurasiens und Afrikas aufeinandertreffen. Sie sind den Erschütterungen einer explosiven Unterwasserwelt ausgesetzt, die die Vulkane hervorgebracht hat. So ist die Insel **Stromboli** in Wirklichkeit die Gipfelregion eines unterseeischen Vulkans, der sich 2 km unter dem Meeresspiegel befindet. Er bricht in Abständen von wenigen Minuten bis stündlich aus und wird daher ständig überwacht. Auch wenn er seit 1890 nicht mehr aktiv ist, ist **Vulcano** weiterhin ein gefährlicher Vulkan. An seinen Hängen sind Geysire, Fumarolen und Schwefelausdünstungen zu sehen.

MYTHISCHE HÖHLEN

Vulkane haben die Menschen schon immer fasziniert. Die Griechen verorteten die **Werkstätte des Hephaistos**, der Schmied des Zeus, in den Kratern des Ätna, aus denen Funken sprühten. Nach **Vulcanus**, dem römischen Pendant von Hephaistos, wurde die Insel Vulcano benannt.

FRUCHTBARE BÖDEN

An den Hängen des Ätna werden zahlreiche Kulturpflanzen angebaut, insbesondere Weinstöcke, Zitrusfrüchte, Pistazienbäume und Haselnusssträucher. Im Lauf der Zeit verwandelt sich die erkaltete Vulkanasche in Böden, die reich an Mineralien und Spurenelementen und daher sehr fruchtbar sind.

WEINE MIT CHARAKTER

Am Ätna werden Rotweine mit mineralischen Noten und trockene Weißweine mit einem frischen, harmonischen Geschmack kultiviert. Der Malvasia delle Lipari ist ein süßer Weißwein, der auf den Liparischen Inseln hergestellt wird. Nach der Lese liegen die Trauben etwa zehn Tage lang in der Sonne.

VULKANWANDERUNGEN

Der **Ätna** ist für jedermann zugänglich. Von Süden kann man sich dem Gipfel mit der Seilbahn nähern und dann mit Offroad-Fahrzeugen bis zu den Kratern fahren – praktisch ohne jede Anstrengung (siehe zu den verschiedenen Zugängen S. 122–124). Für den **Stromboli** hingegen muss man fit und gut ausgerüstet sein (Wanderschuhe, warme Kleidung, Windjacke). Der Aufstieg erfolgt zu Fuß, wobei ein Führer obligatorisch ist (siehe S. 176).

SIZILIENS NATURWUNDER

Naturreservat Zingaro
Unzählige Buchten

Zu den schönsten Stränden gelangt man nur zu Fuß *(S. 74)*.

Scala dei Turchi
In der Nachbarschaft von Agrigent

Besuchen Sie den strahlend weißen Felsen zum Sonnenuntergang *(S. 80)*!

Naturreservat Vendicari
und die alte *tonnara* (Thunfischfabrik)

Zufluchtsort für unzählige Vögel und ein geschütztes marines Ökosystem *(S. 148)*.

Ätna
Mythischer Berg

Der Kontrast zwischen dem dunklen Vulkangestein und der bunten Vegetation erzeugt ein magisches Farbspiel *(S. 120)*.

Liparische Inseln
Blick von Lipari auf Salina, Filicudi und Alicudi

Märchenhaft ragen die Vulkaninseln aus dem Meer auf *(S. 174)*.

Madonie
Berge mit Aussicht auf das Meer

Gewundene Straßen, herrliche Panoramablicke und einsame Bergnester *(S. 102)*.

DÖRFER IN LUFTIGER HÖHE

Scopello
Hoch oben das Dorf, unten die *tonnara* *(S. 74)*

Erice
Oft ist der Gipfel in Nebel gehüllt *(S. 78)*

Calascibetta
Auf einem Felssporn im Herzen Siziliens *(S. 94)*

Castelbuono
In den Bergen der Madonie *(S. 102)*

Savoca
Kulisse für den Film *Der Pate* *(S. 172)*

Ragusa
Das barocke Stadtviertel Ragusa Ibla *(S. 138)*

MOSAIKEN

Monumentale Werke

In der spätrömischen Villa del Casale beeindrucken die Bodenmosaiken durch ihre erstaunliche Präzision. In den arabisch-normannischen Kirchen des 12. Jhs. wurden riesige Flächen an Wänden und Decke mit ikonografischen Programmen ausgestaltet, in denen sich viel Gold mit bunten Farben abwechselt.

Villa Romana del Casale
3500 m^2 Mosaiken *(S. 132)*

Cappella Palatina, Palermo
Byzanz grüßt *(S. 52)*

Duomo di Monreale
Ein außergewöhnliches Ensemble *(S. 68)*

La Martorana, Palermo
Malereien und wunderbare Mosaiken *(S. 58)*

Duomo di Cefalù
Der großartige Christ Pantocrator *(S. 100)*

TYPISCHE PRODUKTE DER SIZILIANISCHEN KÜCHE

Die **Sizilianische Zitrone** *(limone)* punktet mit sehr saftigen Früchten

Die **Tomate** *(pomodoro)* verdankt ihre Süße dem milden Klima

Aubergine *(melanzana)*, als Eintopf, gegrillt, in Lasagne geschichtet …

Kaper *(capra)*, die Blütenknospe dient Speisen als Gewürz

Pistazie *(pistacchio)*, von den Hängen des Ätna mit einzigartigem Geschmack

Fisch *(pesce)* ist die Grundlage vieler traditioneller Gerichte

Olivenöl *(olio d'oliva)*, das wohl bekannteste der Welt!

Artischocke *(carciofo)*, klein und spitz wird sie gefüllt oder gebraten

Caciocavallo ist ein köstlicher Käse aus Kuhmilch mit typischer Form

SIZILIANISCHE SPEZIALITÄTEN

Pasta con le sarde, ein traditionelles Nudelgericht mit Sardinen

Arancini, frittierte Reisbällchen mit Gemüse- oder Fleischfüllung

Caponata, eine Art süßsaures Ratatouille mit Kapern

Pasta alla Norma, Nudeln mit Auberginen und Ricotta

Cuscus di pesce (Fisch-Couscous), ein festliches Familiengericht

Parmigiana di melanzane, Gemüseauflauf mit Auberginen

Granita di limone, ein Fruchtsorbet als erfrischender Snack

Cassata, typischer Kuchen mit Ricotta und kandierten Früchten

Cannoli, knusprige Teigrollen mit einer süßen cremigen Füllung

EIN WENIG GESCHICHTE

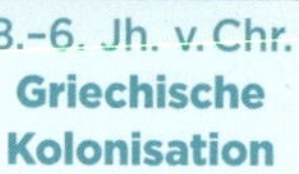

8.–6. Jh. v. Chr.
Griechische Kolonisation

Gründung der ersten griechischen Kolonie in Naxos (735 v. Chr.). Später folgen die Städte Syrakus, Agrigent, Messina und Catania.

5.–4. Jh. v. Chr.
Sizilien unter den Tyrannen

Dionysios von Syrakus drängt den Erzfeind Karthago zurück und baut Sizilien zur stärksten griechischen Militärmacht der Zeit aus.

241 v. Chr.
Römische Eroberung

Ausgedehnte Landgüter *(latifundia)* prägen Sizilien. Die Insel wird für rund 700 Jahre zu einer der wichtigsten Kornkammern Roms.

827–902
Arabische Invasion

Nach der byzantinischen Epoche (6.–9. Jh.) erobern die Araber die Insel. Es folgt ein goldenes Zeitalter für Sizilien: Bewässerungstechniken und handwerkliche Fertigkeiten werden fortentwickelt, und es herrscht religiöse Toleranz. Palermo hatte zu dieser Zeit 300 000 Einwohner.

1061
Ankunft der Normannen

Robert Guiskard und sein Bruder Roger besiegen die Araber. Roger II. (1130–1154) gründet schließlich das Königreich Sizilien.

1061–1194
Normannische Zeit

Architektonische Blüte im normannischen Stil: Es entstehen die Kathedrale von Palermo, Paläste der Normannen, der Dom von Monreale …

1198–1250
Herrschaft von Friedrich II.

Der Staufer Friedrich II. übernimmt die Macht und gilt vielen als Stupor mundi (»Staunen der Welt«). Er fördert Kunst und Kultur.

1282
Sizilianische Vesper

Nach 30 Jahren Anjou-Herrschaft kommt es an einem Ostermontag zu einem blutigen Volksaufstand. Peter III. von Aragon wird neuer König.

17. Jh.
Wiederaufbau

Der Ausbruch des Ätna (1669) macht Catania dem Erdboden gleich, und ein Erdbeben (1693) zerstört Städte im Südosten. Barocke Pracht.

1848–1861
Garibaldi eint Italien

Nach einem wechselvollen Jahrhundert erhebt sich 1848 das Volk gegen den Feudalismus. Der Republikaner Garibaldi kämpft an ihrer Seite.

1992
Ermordung Falcones und Borsellinos

Die beiden Richter, die aktiv gegen die Mafia kämpften, werden innerhalb weniger Monate auf Sizilien ermordet.

SIZILIEN IN DER MYTHOLOGIE

DIE ABENTEUER DES ODYSSEUS

Die ***Odyssee*** ist ein Epos des griechischen Dichters Homer, das gegen Ende des 8. Jhs. v. Chr. entstand. Es folgte auf die *Ilias*, die den Trojanischen Krieg zwischen Griechen und Trojanern erzählt. Die *Odyssee* widmet sich der Heimkehr des Odysseus, des Königs von Ithaka aus dem Krieg: eine von den Launen der Götter begleitete, mit Hindernissen und Abenteuern gespickte Reise, die zehn Jahre dauern sollte. Mehrere Etappen dieser Irrfahrt finden in **Sizilien** statt.

DIE ZYKLOPEN

Die Zyklopen, riesige Gestalten mit einem einzigen Auge, waren die Gehilfen des Gottes Hephaistos. Sie lebten an den Hängen des Ätna, wo sich die Schmiede befand, die zur Herstellung der Waffen für die Götter diente. Dort hält der Zyklop Polyphem Odysseus und seine Gefährten in einer Höhle fest. Um zu fliehen, spitzt Odysseus einen Holzpflock an und sticht ihm damit sein Auge aus. Wütend beginnt Polyphem, riesige Felsbrocken zu sammeln und sie in Richtung Meer zu werfen, wo Odysseus und seine Gefährten ihr Schiff erreicht haben. So entstanden die **Faraglioni**, die sogenannten Zyklopenfelsen, die vor der Küste von **Acireale** aus dem Meer ragen.

DIE INSELN DES GOTTES AEOLUS

Aeolus, der Herrscher des Windes, beherbergt Odysseus auf seiner Insel Aeolus (Lipari oder Stromboli auf den **Liparischen Inseln**). Bei seiner Abreise übergibt der Gott dem Helden einen Schlauch mit starken Winden, den er auf keinen Fall öffnen soll – was seine Seeleute tun und einen Sturm entfesseln.

SKYLLA UND CHARYBDIS

Später sind es die Meeresungeheuer Skylla und Charybdis, die auf beiden Seiten der gefährlichen **Straße von Messina** das Schiff des Odysseus angreifen. Charybdis erzeugt einen Meeresstrudel, der Schiffe verschlingt. Skylla ist ein Ungeheuer, das auf der gegenüberliegenden Felsnase lebt.

DIE RINDER DES HELIOS

Am **Capo Milazzo** schlachten die Gefährten des Odysseus – gegen seine ausdrückliche Anweisung – die Rinder des Helios und erregen damit den Zorn des Sonnengottes, der das Schiff von einem Blitz treffen lässt. Nur Odysseus kann sich aus den Trümmern ein Floß basteln und überlebt.

UND DIE SIRENEN?

Weniger Gewissheit hat man über den Aufenthaltsort dieser blutrünstigen geflügelten Kreaturen (der Dichter Ovid beschrieb sie als halb Frau, halb Vogel), die Reisende mit ihrem betörenden Gesang anlocken. Sie könnten irgendwo abseits der Straße von Messina gelebt haben ...

MEDUSA UND DIE FLAGGE VON SIZILIEN

Der griechische Name Siziliens und nun auch sein Wahrzeichen ist **Trinakria**, was »drei Vorgebirge« bedeutet, d. h. die drei Spitzen der Insel (Trapani, Messina und Syrakus). Ursprünglich war die zentrale Figur die Gorgone Medusa mit ihrem Schlangenhaar, das später durch Weizenähren als Symbol für die Fruchtbarkeit ersetzt wurde. Rot steht für die Stadt Palermo, gelb für die Stadt Corleone, die 1282 in der Sizilianischen Vesper als Erste gegen die Herrschaft des Hauses Anjou rebellierte.

DIE SCHÖNSTEN ANTIKEN STÄTTEN

Villa Romana del Casale und ihre fantastischen Mosaiken

Syrakus war eine der mächtigsten Städte des Mittelmeerraums

Agrigent und das Tal der Tempel – eine riesige Ausgrabungsstätte

Taormina
Antikes Amphitheater mit Blick auf den Ätna

Selinunt und seine griechischen Tempel über dem Meer

Segesta, ein Tempel und ein Theater, die beide sehr gut erhalten sind

Liparische Inseln

PALERMO

Messina

Cefalù

S. 70

Castellammare del Golfo

Segesta

S. 164

Taormina

SIZILIEN

S. 80

Selinunt

Enna

S. 132

Villa romana del Casale

Piazza Armerina

Catania

S. 82

Agrigent

S. 150

Syrakus

Ragusa

Noto

MITTELMEER

0 40 80 km

DAS BAROCKE SIZILIEN

VAL DI NOTO, SCHMELZTIEGEL DES BAROCK

Im Jahr 1693 erschütterte das stärkste je in Italien gemessene Erdbeben (7,4 auf der Richterskala) den östlichen Teil Siziliens, gefolgt von einem verheerenden Tsunami. Etwa 60 Städte wurden quasi von der Landkarte getilgt. Dank des gemeinsamen Elans der Überlebenden wurde ein riesiges Wiederaufbauprojekt in Angriff genommen, das einer Reihe von Städten eine äußerst harmonische und einheitliche Architektur bescherte – der sizilianische Barock war geboren.

WIE ERKENNT MAN SIZILIANISCHEN BAROCK?

Nachdem die Insel durch die feine Ornamentik der byzantinischen und arabischen Kunst geprägt war, stand sie im 17. Jh. unter aragonesischem Einfluss. Die barocke Kunst Siziliens ähnelt daher eher dem spanischen als dem italienischen Barock. Dazu gehören Balkone mit grinsenden Figuren, kunstvolle Gitter, verschnörkelte Stuckarbeiten, die an den Rokokostil erinnern, und – eine sizilianische Spezialität – Intarsien aus Marmor und mehrfarbigem Stein.

BLICK NACH OBEN! (BALKONE)

Mit der Verzierung der Außenbalkone wurden oft Künstler beauftragt. Die allegorischen Figuren sollten sowohl moralische Lehren vermitteln – etwa zur Verletzlichkeit des Menschen angesichts seines Schicksals in der Welt – als auch den sozialen Status des Besitzers zur Schau stellen.

GIACOMO SERPOTTA (1656–1732)

Der Name des in Palermo geborenen Bildhauers findet sich in vielen Kirchenbauten, wo er als Stuckateur die Wände mit milchweißen Skulpturen, Friesen und Reliefs und einer ihm eigenen Theatralik auskleidete. Das verwendete Material bestand aus Gips, Kalk, Leim und Marmorpulver.

WELTKULTURERBE

Caltagirone, Catania, Militello in Val di Catania, Modica, Noto, Palazzolo Acreide, Ragusa und Scicli: Acht Städte, die seit 2002 von der UNESCO zum Weltkulturerbe erklärt wurden, gelten als außergewöhnliches Zeugnis des »Höhepunkts und der letzten Blüte der Barockkunst in Europa«.

Dekor von Serpotta
San Francesco d'Assisi, Palermo

Engel aus Stuck
Santa Chiara, Noto

Statuen im Garten
Villa Palagonia, Bagheria

Geschwungene Front
Cattedrale di Sant'Agata, Catania

Verzierte Balkone
Palazzo Nicolaci di Villadorata, Noto

Deckenmalerei
San Benedetto, Catania

MAFIA UND ANTIMAFIA

WAS IST DIE COSA NOSTRA?

Cosa Nostra ist der Name der sizilianischen Mafia. Er bedeutet »was uns betrifft, geht uns etwas an« und fasst das mächtige Gesetz des Schweigens *(omertà)* zusammen, das es dieser kriminellen Organisation ermöglicht, ihr Unwesen zu treiben. Die Mafia entwickelte sich aus bewaffneten Bauernbanden, die sich ab dem 16. Jh. die Kontrolle über das Land aneigneten, das der Adel verlassen hatte, als er in die Städte zog. Nach und nach entstand in ganz Italien eine schwer fassbare Parallelwelt. Die Mafia verlagerte ihre Aktivitäten auf das Immobiliengeschäft und in den 1960er-Jahren auf den internationalen Drogenhandel. Die dabei angehäuften Millionen führten zu einer Spirale der Gewalt. In den 1980er-Jahren ging der Staat mit Ermittlungen und Verurteilungen zum Gegenangriff über. Die Geschichte Siziliens wurde 1992 durch die Ermordung der Richter Falcone und Borsellino geprägt. 1993 wurde der Auftraggeber der Morde und Nr. 1 der Mafia, Salvatore Riina, verhaftet.

ADDIOPIZZO: DIE GEGENWEHR

Angesichts der Infiltration der lokalen Wirtschaft durch die Mafia in Form von Erpressungen und Schutzgeldern *(pizzo)*, setzt sich die sizilianische Gesellschaft zur Wehr. Es entstanden Anti-Mafia-Initiativen wie Addiopizzo, ein Netzwerk von Händlern, die sich der Mafia nicht unterwerfen: www.addiopizzo.or

BÜCHER UND FILME

Filme

- *Der Pate* (Trilogie von Francis Ford Coppola, 1972, 1974, 1990)
- *Die 100 Tage von Palermo* (Giuseppe Ferrara, 1984)

Bücher

- *Der Tag der Eule* (Leonardo Sciascia, 1972)
- *Cosa Nostra – Die Geschichte der Mafia* (John Dickie, 2008)

EINE REALITÄT OHNE GEFAHR

Für den Reisenden ist die Mafia eine unsichtbare und ungefährliche Wirklichkeit. Es ist jedoch üblich – und sicher besser –, nicht darüber zu sprechen. In Salemi, einer Ortschaft auf halbem Weg zwischen Castellammare und Selinunt, erzählt das Museo della Mafia die ganze Geschichte – oder fast die ganze ...

FILMKULISSEN

Im Rausch der Tiefe
(L. Besson, 1988) Taormina, Pool des Atahotel

Der Leopard
(L. Visconti, 1963) Palermo, Palazzo Gangi

Der Pate I
(F. F. Coppola, 1972) Savoca, Hochzeitsszene

Der Postmann
(M. Radford, 1996) Salina (Liparische Inseln)

Cinema Paradiso
(G. Tornatore, 1989) Cefalù, die Vorführung

Stromboli
(R. Rossellini, 1950) die Schlussszene am Vulkan

PALERMO — CASTELLAMMARE DEL GOLFO — AGRIGENT — ENNA — CEFALÙ — PALERMO

DER WESTEN

RUNDFAHRT AB PALERMO

Architektonische Schätze, atemberaubende Panoramen und feine Sandstrände. Entdecken Sie auf fünf Etappen die Highlights im Westen Siziliens.

Siziliens pulsierende Hauptstadt
2–3 Tage

Naturreservat und viel Dolce Vita
2 Tage

Panoramablick über das Tal der Tempel
1–2 Tage

Hoch oben auf einem Felssporn gelegen
1 Tag

Reizvoller Badestopp
1–2 Tage

- **Von Palermo:** Duomo di Monreale
- **Von Castellammare del Golfo:** Trapani und Erice
- **Von Cefalù:** Die Madonie

ETAPPE 1 PALERMO

VOM FLUGHAFEN INS ZENTRUM

Auto: 30 km über die A29
Bus: Busse des Unternehmens Prestia e Comandè fahren 200 m vom Ankunftsterminal entfernt ab (alle 30 Min., mehrere Stopps im Stadtzentrum, Fahrzeit 40–50 Min.). www.prestiaecomande.it
Taxi: 45–50 €
Bahn: ab Punta Raisi (unter dem Airport) nach Palermo Stazione Centrale: ca. 1 Std.

BESICHTIGUNG

Wir haben den Stadtbesuch in drei Abschnitte aufgeteilt:
1. Centro storico
2. Kalsa
3. Capo und Vucciria
Ca. 15–20 Min. zu Fuß vom Palazzo dei Normanni zur Piazza Quatro Canti

INFOS & ADRESSEN

• **Tourist-Infos:** Piazza Bellini (✆ 091 740 80 21) und Via Principe di Belmonte 92 (✆ 091 58 51 72)
• **PMO Tourist Card** (1, 2 oder 3 Tage gültig): freie Fahrt mit den öffentlichen Verkehrsmitteln und Ermäßigungen für eine Reihe von Museen und Sehenswürdigkeiten

UNTERWEGS IN PALERMO

Auto: Große Teile des Stadtzentrums sind als ZTL (zona traffico limitato) ausgewiesen und damit für den Allgemeinverkehr gesperrt. Wenn Ihr Hotel in dieser Zone liegt, fragen Sie dort um Rat. Wir empfehlen – auch wegen des sehr hohen Verkehrsaufkommens – dringend, das Auto in einem Parkhaus abzustellen. Kostenlose Parkplätze befinden sich auf dem Foro Italico und dem Foro Umberto (weiße Linien auf dem Boden), außerdem gibt es zahlreiche gebührenpflichtige Parkhäuser. Lassen Sie keinerlei Wertsachen in Ihrem Wagen liegen!
Bus: Die Linie 101 fährt entlang der Via Roma, Linie 109 verbindet den Bahnhof mit dem Palazzo dei Normanni. Fahrkarten erhält man in Tabakläden und AMAT-Shops. www.amat.pa.it
Taxi: Sie werden nicht auf der Straße herbeigewunken. Man findet sie am Taxistand oder bestellt einen Wagen unter: ✆ 091 51 33 11 (Cooperativa Autoradio) bzw. ✆ 091 68 78 (Radio Taxi Trinacria); ca. 15–20 €/Fahrt.
Gratis-Bus: Der Shuttlebus von Free Centro Storico (6.30–21 Uhr) verkehrt zwischen Piazza Indipendenza (beim Palazzo dei Normanni) und Porta Felice. Er passiert u. a. die Piazza Quattro Canti, den Ballarò, den Mercato del Capo, die Kathedrale und das Teatro Massimo.

TOUR
1

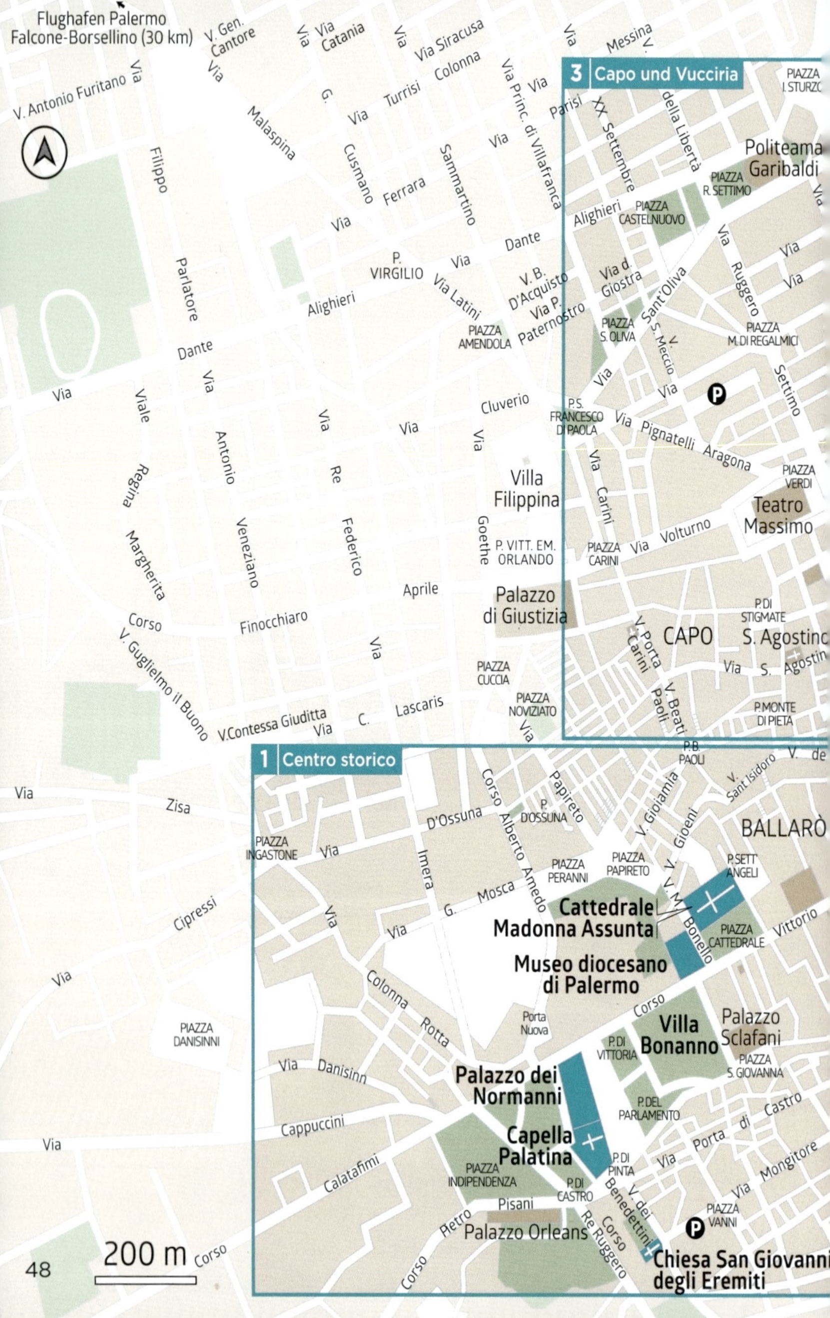
Flughafen Palermo Falcone-Borsellino (30 km)
3 Capo und Vucciria
1 Centro storico
Politeama Garibaldi
PIAZZA R. SETTIMO
PIAZZA CASTELNUOVO
PIAZZA I. STURZO
P. VIRGILIO
PIAZZA AMENDOLA
PIAZZA S. OLIVA
PIAZZA M. DI REGALMICI
P.S. FRANCESCO DI PAOLA
PIAZZA VERDI
Teatro Massimo
Villa Filippina
P. VITT. EM. ORLANDO
PIAZZA CARINI
Palazzo di Giustizia
CAPO
P. DI STIGMATE
S. Agostino
PIAZZA CUCCIA
PIAZZA NOVIZIATO
P. MONTE DI PIETÀ
P.B. PAOLI
BALLARÒ
PIAZZA INGASTONE
P. D'OSSUNA
PIAZZA PERANNI
PIAZZA PAPIRETO
P. SETT' ANGELI
Cattedrale Madonna Assunta
PIAZZA CATTEDRALE
Museo diocesano di Palermo
Porta Nuova
P. DI VITTORIA
Villa Bonanno
Palazzo Sclafani
PIAZZA S. GIOVANNA
PIAZZA DANISINNI
Palazzo dei Normanni
P. DEL PARLAMENTO
Capella Palatina
PIAZZA INDIPENDENZA
P. DI PINTA
P. DI CASTRO
PIAZZA VANNI
Palazzo Orleans
Chiesa San Giovanni degli Eremiti
200 m
Via Filippo Parlatore
Via Dante Alighieri
Viale Regina Margherita
Via Antonio Veneziano
Via Re Federico
Via Goethe
Via Cluverio
Via Malaspina
Via Libertà
Via XX Settembre
Via Ruggero Settimo
Via Pignatelli Aragona
Via Volturno
Via Carini
Corso Finocchiaro Aprile
V. Guglielmo il Buono
V. Contessa Giuditta
Via C. Lascaris
Via Zisa
Via D'Ossuna
Corso Alberto Amedeo
Via Papireto
Via G. Mosca
Via Imera
Via Colonna Rotta
Via Cipressi
Via Danisinni
Via Cappuccini
Via Calatafimi
Corso Pisani
Corso Pietro
Corso Re Ruggero
V. dei Benedettini
Via Porta di Castro
Via Mongitore
Corso Vittorio
V. M. Bonello
V. Gioiamia
Via Sant'Oliva
Via Princ. di Villafranca
Via Sammartino
Via Cusmano
Via Turrisi Colonna
Via Siracusa
Via Catania
V. Gen. Cantore
V. Antonio Furitano
Via Messina
Via Parisi
Via Ferrara
Via Latini
V. B. D'Acquisto
Via P. Paternostro
Via d. Giostra
V. S. Meccio
V. Porta Carini
V. Beati Paoli
Via S. Agostino
V. Sant Isidoro

TOUR 1
Stazione Marittima
Molo Vitt. Veneto
Hafen
Banchina Sammuzzo
Capitaneria di Porto e Guardia Costica
Banchina Trapezoidale
Molo Sud
Prefettura
eo Archeologico regionale
Oratorio di Santa Cita
Oratorio del Rosario
Mercato Ittico
La Cala
S. Maria d. Catena
Porta Felice
S. M. la Nuova
VUCCIRIA
Museo delle Marionette
Teatro Biondo
Giardino Garibaldi
Palazzo Chiaramonte
2 Kalsa
Piazza Quattro Canti
Santa Caterina
Galleria d'Arte moderna (GAM)
Palazzo Mirto
Palazzo Abatellis (Galleria regionale di Sicilia)
S. Teresa
KALSA
Piazza Pretoria
Martorana San Cataldo
Università
Sta Maria d. Spasimo
Chiesa del Gesù
Palazzo Santa Croce
Orto botanico
Carmine
Stazione Centrale F.S.

PALERMO
1 CENTRO STORICO

Lassen Sie sich von den Mosaiken und steinernen Monumenten dieses Viertels mit seinen spektakulären Sehenswürdigkeiten verzaubern: Normannenpalast, Cattedrale Madonna Assunta ...

HIGHLIGHTS

- A Palazzo dei Normanni, Cappella Palatina *(Bild)*
- B Cattedrale Madonna Assunta
- C Museo Diocesano di Palermo
- D San Giovanni degli Eremiti
- E Villa Bonanno
- F Teatro Vincenzo Argento

ADRESSEN

- 1 Ballarò
- 2 Trattoria ai Cascinari
- 3 Pasticceria Capello
- 4 Atelier A. Tripi

MEINE LIEBLINGSADRESSEN IN PALERMO

PALERMO HIGHLIGHTS

1 CENTRO STORICO

A PALAZZO DEI NORMANNI UND CAPPELLA PALATINA

Zugang über die Piazza Indipendenza | Eintritt | die Kapelle (cappella) ist während der Gottesdienste geschlossen (So und Feiertage ca. 9.30–11.30 Uhr)

Einer der größten Schätze Siziliens und Meisterwerk der arabisch-normannischen Kunst. Der **Normannenpalast** wurde auf den Ruinen eines arabischen Palasts errichtet und diente den normannischen Königen als Herrschersitz (11.–12. Jh.). Heute beherbergt er die Regionalversammlung Siziliens. Im ersten Stock befindet sich die **Cappella Palatina**, die wie eine Miniaturkathedrale aussieht und mit Mosaiken ausgekleidet ist. Man weiß nicht, wohin man schauen soll: Christus im Chor, Engel und Erzengel in der Kuppel, die Genesis an den Wänden des Kirchenschiffs. Und nicht zu vergessen: die bemalte Decke und der byzantinische Fußboden aus Porphyr und gelbem und grünem Serpentin.

B CATTEDRALE MADONNA ASSUNTA

Corso Vittorio Emanuele | Herrschergräber und Krypta Eintritt

Die Kathedrale ist ein erstaunlicher Stilmix. Sie stammt aus dem 12. Jh., der Anbau der Kuppel erfolgte im 19. Jh. Um eine Vorstellung vom ursprünglichen Aussehen zu bekommen, sollten Sie sich das **Chorhaupt** mit seinen wunderschönen Steineinlegearbeiten aus Lava und Marmor ansehen. Im Inneren der Kirche stößt man auf die **Gräber** von Königen und Kaisern sowie die Reliquien der hl. Rosalia, der Schutzpatronin von Palermo *(Bild)*.

C MUS. DIOCESANO DI PALERMO

Via M. Bonello 2 | Eintritt

Das »MuDiPa« im Palazzo Arcivescovile beherbergt eine Sammlung **sakraler Kunst**, darunter eine kleine Rokokokapelle, in der ein Freskenzyklus zur Kindheit Christi von 1733 zu bestaunen ist.

D SAN GIOVANNI DEGLI EREMITI

Via dei Benedettini | Eintritt

Das alte Rot der Kuppeln, die Orangenbäume im Garten, die verzierten Säulen des Kreuzgangs – das ehemalige **Kloster** aus dem 12. Jh. ist eine wunderbare Oase in der Hektik der Stadt.

E VILLA BONANNO

Entspannungspause in einer **Parkanlage** nahe der Kathedrale im Schatten großer, schlanker Dattelpalmen. 2001 wurden hier die Überreste einer römischen Villa (Mosaike, Säulen) gefunden.

F TEATRO VINCENZO ARGENTO

Via P. Novelli 1

Die sizilianische Tradition des Teatro dei Pupi, des **Marionettentheaters**, wird hier seit dem Jahr 1893 von der Familie Argento weitergeführt. Aufführungen finden täglich um 17.30 Uhr statt.

 Die jeweiligen Öffnungszeiten finden Sie im Register ab S. 180.

TOUR
1

PALERMO ADRESSEN

1 CENTRO STORICO

1 BALLARÒ

Via Ballarò und rund um die Piazza Ballarò | Mo–Sa

- Der älteste Markt in Siziliens Hauptstadt.
- Fisch, Fleisch, Obst oder warmes Gebäck – alles in einem fröhlichen Durcheinander mit orientalischen Düften und inmitten verfallener Barockfassaden.

2 TRATTORIA AI CASCINARI

- Eine lokale Institution.
- Gefüllte Sardinen und Artischocken, frittierter Fisch, Pasta und ausgezeichnete Desserts.

Via d'Ossuna 43–45 | Mi 19.30–22, Do–So 12.30–14.30, 19.30–22 Uhr

3 PASTICCERIA CAPELLO

»Wenn ich hierherkomme, freue ich mich auf die besten *cannoli* in ganz Sizilien. Dieses mit Ricotta gefüllte süße Gebäck ist der Hammer!«

Via Colonna Rotta 68 | Do–Di 7–22 Uhr

4 ANGELA TRIPI

- Angela modelliert ihre großen Figuren aus glasiertem Terrakotta. Ihre Krippen sind schon um die ganze Welt gereist!
- Alles Einzelstücke.

Via V. Emanuele 452 | Mo–Sa 8.30–13, 15.30–19.30 Uhr

TOUR
1
ORATE
GAMBERO

PALERMO
2 KALSA

Das älteste Viertel von Palermo, hier lag die einstige arabische Zitadelle. Es locken der Charme verfallener Fassaden und ein Labyrinth aus engen Gassen und Plätzen, die nach und nach von der Jugend der Stadt wieder in Besitz genommen werden.

SEHENSWERTES

- A Piazza Quattro Canti
- B Piazza Pretoria
- C Piazza Bellini: Martorana, San Cataldo und Santa Caterina
- D Galleria d'Arte Moderna (GAM)
- E Chiesa del Gesù
- F Palazzo Abatellis (Galleria regionale della Sicilia)

ADRESSEN

1. Antica Focacceria San Francesco
2. Arte e Tradizione di Monforte Giovanni
3. Bar Touring
4. Cioccolateria Lorenzo
5. Ideal Caffè Stagnitta
6. Bisso Bistrot
7. Osteria dei Vespri
8. Carizzi d'Amuri
9. Bar im Hotel Ambasciatori
10. Bar Garibaldi

MEINE LIEBLINGSADRESSEN IN PALERMO

PALERMO SEHENSWERTES

2 KALSA

A PIAZZA QUATTRO CANTI

Die Straßen Maqueda und Vittorio Emanuele kreuzen sich hier und gliedern rundherum die Viertel des historischen Palermo. Statuen in Nischen und vier Brunnen zieren die Fassaden des Platzes.

B PIAZZA PRETORIA

»Platz der Schande« – so sollen die Nonnen des nahe gelegenen Klosters die Piazza genannt haben, die von der Nacktheit der Figuren, die die **Fontana Pretoria** schmücken, äußerst schockiert waren.

C PIAZZA BELLINI: MARTORANA, SAN CATALDO UND SANTA CATERINA

Kirchen Eintritt | (Bild)

Prächtige Kirchen säumen diesen Platz: **La Martorana** mit herrlichen Mosaiken in der Kuppel (12. Jh.), **San Cataldo**, typisch für den arabisch-normannischen Stil mit drei roten Kuppeln und dem bunten Stein- und Marmorboden, und **Santa Caterina**, eine Vertreterin des Barock, deren Wände vollständig mit Fresken und Marmorarbeiten ausgekleidet sind. Versäumen Sie nicht, die Terrasse aufzusuchen, um die tolle Aussicht zu genießen.

D GALLERIA D'ARTE MODERNA

Via Sant'Anna 21 | Eintritt

In einem ehemaligen Kloster werden sizilianische Gemälde und Skulpturen (19./20. Jh.) ausgestellt. Besonders sehenswert ist die *Ansicht von Palermo* des Landschaftsmalers Francesco Lojacono.

E CHIESA DEL GESÙ

Piazza Casa Professa 21 | Eintritt

Die prunkvolle **Barockkirche** wurde im 17. Jh. von den Jesuiten erbaut. Der ornamentale Rausch, den man beim Anblick der schlichten Fassade nicht vermuten würde, prägt das gesamte Kirchenschiff und die Kapellen. Die Wände und Gewölbe sind über und über mit ziseliertem Marmor und Stuck, Engeln, Teufeln und geschnitzten Ungeheuern bedeckt. Das große Fresko mit dem »gelben« Christus an der Decke ist hingegen zeitgenössisch (1955).

F PALAZZO ABATELLIS

Via Alloro 4 | Eintritt

Sizilianische Kunst im Lauf der Jahrhunderte. Entdecken Sie u. a. den berühmtesten sizilianischen Maler, Antonello da Messina (15. Jh.), und sein Gemälde *Maria der Verkündigung*.

 Die jeweiligen Öffnungszeiten finden Sie im Register ab S. 180.

TOUR
1

PALERMO ADRESSEN

2 KALSA

1 ANTICA FOCACCERIA SAN FRANCESCO

• Eine Streetfood-Institution seit dem Jahr 1834.
• *Arancini*, gefüllte *focaccie* – und dann das Milz-Sandwich, eine lokale Spezialität!
Via A. Paternostro 58 | tgl. 11–23 Uhr (Bild)

2 ARTE E TRADIZIONE DI MONFORTE GIOVANNI

»Für eine leckere Pizza abseits der Hektik des Zentrums ziehe ich mich auf diesen ruhigen Platz in der Kalsa zurück. Genuss ist garantiert!«
Via Santa Teresa 2 | Di–So 19–23 Uhr

3 BAR TOURING

• Top-Adresse für *arancini*, aber auch für Gebäck.
• Es gibt nur wenige Tische. Bestellen Sie etwas zum Mitnehmen und setzen Sie sich in den Botanischen Garten gegenüber.
Via Lincoln 15 | tgl. 7–24 Uhr

4 CIOCCOLATERIA LORENZO

- Das gemütliche Café mit Konditorei wird von den Palermitanern geliebt.
- Köstliche Kuchen und angenehm kühle Terrasse.

Via del IV Aprile 7–7A | Di–Fr 8.30–20, Sa 9.30–20, So 9.30–13.30, 16.30–20 Uhr

5 IDEAL CAFFÈ STAGNITTA

- Hier befindet sich die älteste Kaffeerösterei in Palermo.
- Angeschlossen ist ein traditioneller Verkaufsladen mit sehr viel Charme.

Discesa dei Giudici 42–44 | Mo–Mi 7–19, Fr, Sa 7–19 Uhr

6 BISSO BISTROT

- Große Tische und ein gemütliches Flair in einem ehemaligen Buchladen.
- Testen Sie die *involtini di pesce spada* (Schwertfischröllchen).

Via Maqueda 172A | tgl. 9–23 Uhr

7 OSTERIA DEI VESPRI

- In den ehemaligen Stallungen des Palazzo Gangi.
- Zur Verkostung: *anelletti al ragù di polpo* (Nudeln mit Oktopusragout).
- Interessante Weinkarte.

Piazza Croce dei Vespri 6 | Mo–Sa 12.30–14.30, 19.30–22.30 Uhr

8 CARIZZI D'AMURI

- Die Küche ist ebenso kreativ wie schmackhaft.
- Aufmerksamer Service und perfektes Preis-Leistungs-Verhältnis. Probieren Sie die *caponata*.

Via Lungarini 21 | Mi–Mo 19.30–23 Uhr

9 BAR IM HOTEL AMBASCIATORI

»Von dieser Terrasse aus scheint die Stadt mit ihren Kuppeln und Kirchen nur Ihnen zu gehören, während Sie einen Spritz zum Sonnenuntergang genießen.«

Via Roma 111 | tgl. 17–23 Uhr, Sommer länger

10 BAR GARIBALDI

»Mein Lieblingsort für laue Abende, wenn die zahlreichen Gäste auf die Straße strömen und sich fröhlich mit einem Bier in der Hand unterhalten.«

Via A. Paternostro 46 | tgl. 18–2 Uhr

PALERMO

3 CAPO UND VUCCIRIA

Rund um die beiden Märkte Capo und Vucciria entfaltet sich das volkstümliche Palermo. Schlendern Sie durch die Stände und lassen Sie sich vom Duft der *panini* und *arancini* mitreißen.

HIGHLIGHTS

- A Museo delle Marionette
- B Flohmarkt
- C Oratorio di Santa Cita
- D Oratorio del Rosario
- E Museo Archeologico
- F Mercato del Capo

MITTAGSPAUSE

- 1 Unterwegs in der Vucciria
- 2 Vecchia Trattoria da Toto
- 3 Focacceria Basile
- 4 Antica Salumeria del Corso
- 5 Al Vecchio Club Rosanero
- 6 Gelateria Brioscià

RESTAURANTS

- 7 Trattoria Ferro di Cavallo
- 8 Il Maestro del Brodo
- 9 Pizzeria Frida
- 10 Pelledoca

BARS UND EINKAUFEN

- 11 Bars an der Piazza Caracciolo
- 12 Piazza Olivella
- 13 Bottiglieria del Massimo
- 14 Taverna Azzurra
- 15 Bocum Mixology
- 16 Bistrò del Teatro Massimo
- 17 Tanto di coppola!

MEINE LIEBLINGSADRESSEN IN PALERMO

PALERMO HIGHLIGHTS

3 CAPO UND VUCCIRIA

A MUSEO DELLE MARIONETTE

Piazzetta Pasqualino | Eintritt

Hier erfahren Interessierte alles Wissenswerte über die **Opera dei Pupi**, die traditionelle sizilianische Kunst des Marionettentheaters. Im ersten Stock befindet sich ein kleines Theater.

B FLOHMARKT

Piazza Marina

Die Piazza Marina erwacht am Sonntagmorgen mit ihrem Flohmarkt zum Leben. In dessen Zentrum, im **Giardino Garibaldi**, spendet ein riesiger, uralter Ficus mit spektakulären Wurzeln Schatten.

C ORATORIO DI SANTA CITA

Via Valverde 3 | Eintritt

Atemberaubend! Einer der Höhepunkte des Stuckateurs Giacomo Serpotta. Weiße Seraphimschwärme und kleine Nischen mit Basreliefs, die religiöse Szenen darstellen: die *teatrini (Bild)*.

D ORATORIO DEL ROSARIO

Via dei Bambinai 2 | Eintritt

Gebetshaus aus dem 17. Jh. mit aufwendigen Stuckarbeiten von Giacomo Serpotta. Die Relieffelder zeigen Kaskaden von Engeln und allegorische Darstellungen von Tugenden.

E MUSEO ARCHEOLOGICO

Piazza Olivella 24 | Eintritt

Das **Archäologische Museum** ist in einem Kloster untergebracht, das sich um zwei Innenhöfe gruppiert. Seit 2009 wird daran gearbeitet, ein Teil ist dennoch zu sehen. Schöne antike Exponate.

F MERCATO DEL CAPO

Via Carini

Weniger touristisch als die anderen **Märkte**. Hier kaufen die Palermitaner ein: Fisch, Kräuter, Obst, Gemüse in verschwenderischer Vielfalt – und erstklassiges Street Food.

Tgl. 7–20, Mi, So nur 7–13 Uhr

 Die jeweiligen Öffnungszeiten finden Sie im Register ab S. 180.

PALERMO MITTAGSPAUSE

3 CAPO UND VUCCIRIA

1 UNTERWEGS IN DER VUCCIRIA

Der wohl der kultigste **Markt** in Palermo zieht sich durch enge Gassen. Hier sollten Sie die berühmten *stigghiole* probieren, gefüllte Lammdärme, die heiß verkauft werden.
Tgl. 7–20 Uhr (Bild)

2 VECCHIA TRATTORIA DA TOTO

• In der Vucciria gelegen.
• Mit frischen Zutaten von den Ständen nebenan. Die Pasta mit Sardinen ist wirklich exquisit.
Via Coltellieri 5 | tgl. 12–16, 19–22.30 Uhr, Winter So abends geschl.

3 FOCACCERIA BASILE

• Die Kantine ist stets sehr belebt und bietet ein schnelles Mittagessen.
• Unschlagbare Preise!
• Testen Sie *pane con la milza* (Brot mit Kalbsmilz).
Via Bara All'Olivella 76 | Mo–Sa 8–16 Uhr

4 ANT. SALUMERIA DEL CORSO

• Angeschlossen an einen Wurstladen *(salumeria)*.
• Verschiedene Wurst- und Käseteller, Sandwiches und Wein im Glas. Ideal für einen leckeren Snack zwischendurch.
Corso V. Emanuele 170 | tgl.

5 AL VECCHIO CLUB ROSANERO

»Die Fankneipe des Fußballvereins FC Palermo ist tatsächlich meine Lieblingsadresse für eine erstklassige Fischsuppe – und dabei sehr günstig.«
V. Caldomai 18 | Mo–Sa 13–16, Do–Sa 20–23 Uhr

6 GELATERIA BRIOSCIÀ

• Probieren Sie die Eissorte *pistacchio* (100 % aus Sizilien), die in einem Brioche serviert wird.
• Ein absolutes Muss!
Via Mariano Stabile 198 | So–Do 11–0.30, Fr 11–1.30, Sa 11–2 Uhr

PALERMO RESTAURANTS

3 CAPO UND VUCCIRIA

7 TRATTORIA FERRO DI CAVALLO

- Familiäre Trattoria mit einfacher Küche. Oft recht voll: Kommen Sie früh!
- Sehr gute *polpette di sarde* (Sardinenbällchen nach sardischer Art).

Via Venezia 20 | Mo–Sa 12.15–15, Mi–Sa 19.15–23.30 Uhr

8 IL MAESTRO DEL BRODO

- Ein Nachbarschaftslokal.
- Großartiges *antipasti*-Büfett (Vorspeisen).
- Sehr empfehlenswert ist die Pasta mit Sardinen.

Via Pannieri 7 | Di–Do, So 12.30–15.30, Fr, Sa 12.30–15.30, 19.30–23 Uhr

9 PIZZERIA FRIDA

- Auf einem ruhigen Platz gelegen. Die Palermitaner lieben dieses Lokal!
- Ausgefallene Pizzen, z. B. *calzone farcito con olio di tartufo* (mit Trüffelöl).

Piazza Sant'Onofrio 37 | Mi–Mo 19.30–24 Uhr

10 PELLEDOCA

- Pizzaspezialitäten und Brathähnchen mit Kräutern und Zitrone. Gute Auswahl an Weinen.
- Angenehme Terrasse, ideal für Familien.

Piazza Marina 32–35 | Mi–Mo 19–24 Uhr

PALERMO BARS UND EINKAUFEN

3 CAPO UND VUCCIRIA

11 PIAZZA CARACCIOLO

»Ich komme gerne in den Abendstunden auf diese kleine Piazza, um auf der Terrasse einer der Bars zu einem Glas Wein den frisch gegrillten Fisch zu genießen.«

Ab ca. 19 Uhr

12 PIAZZA OLIVELLA

- Einer der wichtigsten Pole des Nachtlebens.
- Den Platz vor dem Archäologischen Museum säumen zahlreiche Bars. Eine bunte Menschenmenge sorgt für eine sehr gesellige Atmosphäre.

13 BOTTIGLIERIA DEL MASSIMO

- Sympathische Weinbar mit angenehmer Terrasse zur Straße hin.
- Auch Cocktails und Biere, dazu verschiedene Bretter mit Wurst und Käse.

Via Salvatore Spinuzza 59 | tgl. 9.30–20 Uhr

14 TAVERNA AZZURRA

»Eine legendäre Bar, in der immer etwas los ist. Abends vor allem von jungen Leuten besucht. Ich liebe es, hier ein Glas Zibibbo zu trinken!«

Discesa Maccherronai 15 | Di–So 11.30–14, 17–22.30 Uhr

15 BOCUM MIXOLOGY

- Gemütliche und sehr stylishe Cocktailbar, auch sizilianische Weine.
- Die Lounge im Obergeschoss wirkt wie ein Wohnzimmer. Mit Jazzmusik.

Via d. Cassari 6 | Di–Fr 18–24.30, Sa, So 12.30–15, 19–0.30 Uhr

16 BISTRÒ DEL TEATRO MASSIMO

- Im wunderschönen Teatro Massimo, einem Zentrum des kulturellen Lebens von Palermo.
- *Gourmini*-Spezialitäten (Häppchen aus Fleisch, Fisch oder Gemüse).

Piazza Verdi | tgl. 7–22.30 Uhr

17 TANTO DI COPPOLA!

»Die Hüte sind ein originelles Souvenir. Tapfer in der Addiopizzo-Bewegung gegen das Mafia-Schutzgeld engagiert.«

Via Bara All'Olivella 72 | Di–So 10–13.30, 14.30–19.30 Uhr

DUOMO DI MONREALE

7000 M² MOSAIKEN UND EIN ERHABENER KREUZGANG

- **15 km (35 Min.) südwestl. von Palermo**
- **Bus 389 (Abfahrt Piazza Indipendenza beim Palazzo dei Normanni)**
- **Angemessene Kleidung (Schultern bedeckt, keine Shorts)**

DUOMO

Frei zugänglich, Schatzkammer und Terrassen Eintritt

Eine der schönsten Kirchen der Welt! Der Dom (bzw. die Kathedrale) wurde im 12. Jh. vom normannischen König Wilhelm II. auf den Hügeln über Palermo errichtet. Achten Sie auf die außergewöhnlichen Mosaiken an den Wänden und im Kreuzgang – ein Meisterwerk der Romanik *(siehe unten)*. Die Kreuzkapelle aus dem 17. Jh. ist eines der überschwänglichsten Beispiele für den sizilianischen Barock mit einer Fülle von Marmorintarsien.

MOSAIKEN

130 Gemälde mit vielen Details auf funkelndem Goldgrund. Über die Identität der Künstler, die zweifellos zahlreich und gut organisiert waren, ist kaum etwas bekannt. Das Alte Testament wird an den Wänden des Hauptschiffs aufgegriffen, während das Neue Testament (mit dem Leben Jesu) die Wände des Querschiffs ziert. In der zentralen Apsis ist auf dem Buch des segnenden Christus zu lesen: »Ich bin das Licht der Welt.«

KREUZGANG (CHIOSTRO)

Eintritt

Eine Oase der Schönheit: Spitzbögen und 220 Doppelsäulen mit Goldmosaiken und bemerkenswerten geschnitzten Kapitellen: Man erkennt Blätter, Fabeltiere, Szenen aus dem Leben Christi ...

LE BARRIQUE

- Kleine familiäre Weinbar mit leckeren Wurst- und Käseplatten, Sandwiches, *focaccias* und anderen kleinen Gerichten.
- Angemessene Preise.

Via Arcivescovado 4 | Di–So 11.30–24 Uhr

TOUR 1
Grotta Santa Rosalia
Castello Utveggio
Parco della Favorita
Viale della Regione Siciliana
Via del Fante
Viale Diana
Bonanno
V. Papa Sergio I
ARENELLA
Villa Igiea
Viale Lazio
V. Sampolo
Via della Libertà
Viale Michelangelo
Staz. FS Notarbartolo
V. dei Cantieri
ACQUASANTA
Giardino inglese
Viale da Vinci
P. di Villa Trabia
Via di Blasi
Viale della Regione Siciliana
Via Colonna Rota
Teatro Massimo
Palermo
V. Maqueda
V. Emanuele
Quattro Canti
Cattedrale
PIAZZA INDIPENDENZA
Via G. Pitré
Via Lincoln
Staz. FS Centrale
BOCCADIFALCO
Calatafimi
Corso Pisani
Palazzo dei Normanni
Via Oreto
Corso dei Mille
MEZZO MONREALE
Corso
Santo Spirito
BRANCACCIO
Siciliana
Via Ernesto Basile
MOLARA
Altofonte
F. Oreto
CHIAVELLI
VILLAGRAZIA
onreale
Duomo
Kreuzgang
0
1
2 km

VON PALERMO NACH CASTELLAMMARE

- **Auto: 125 km (2.10 Std. reine Fahrzeit)**
- **Direktbus nach Castellammare del Golfo: 1.40 Std. (Russo, www.russo autoservizi.it)**
- **Busse fahren von dort Segesta an.**

SPIAGGIA DI MONDELLO

Mondello

Der beliebte Hausstrand der Palermitaner. Ein ehemaliges Fischerdorf, das in einen Badeort mit touristischer Atmosphäre umgewandelt wurde. Am Wochenende tummeln sich hier viele Menschen.

SEGESTA

Eintritt

Von dieser antiken Stadt (5. Jh. v. Chr.) mitten im Grünen sind heute in der hügeligen Landschaft noch ein sehr gut erhaltener **dorischer Tempel** und ein **Amphitheater** zu bestaunen *(Bild)*.

Tipps für den Besuch von Segesta:

- **Im Sommer ist es ratsam, möglichst schon am Morgen zu kommen (Hitze).**
- **Ein Pendelbus verkehrt zwischen Tempel und Theater (1,5 km Aufstieg), alle 30 Min.**

PEPPE E NINO

Buseto Palizzolo

- 15 km nordwestlich von Segesta gelegenes kleines Dorfrestaurant, bekannt für seine Pizzen und kleinen Gerichte, darunter *trippa* (Kutteln).

V. Giuseppe Fileccia 14 | tgl. 12.30–14, 19.30–21.30 Uhr

ETAPPE 2 CASTELLAMMARE DEL GOLFO

Badepause in einer der faszinierendsten Naturlandschaften Siziliens, dem Naturreservat Zingaro. Es warten Traumstrände, Fischerdörfer, Küstenpfade und eine feine Meeresküche.

- **Achtung: Im Sommer herrscht rund um Scopello oft dichter Verkehr.**
- **Besuchen Sie das Zingaro-Reservat am Vormittag. Am Nachmittag liegen die meisten Buchten im Schatten.**
- **In der Nebensaison ist der Andrang zur Tonnara di Scopello deutlich geringer.**

HIGHLIGHTS

- A Castellammare del Golfo
- B Scopello
- C Tonnara di Scopello *(Bild)*
- D Bootsausflug
- E Wanderung im Naturreservat Zingaro
- F San Vito Lo Capo
- G Tauchen
- H Terme Segestane

ADRESSEN

1. Ristorante del Golfo
2. La Cambusa
3. Panificio di Stabile e Anselmo
4. Bar Nettuno
5. Profumi di Cous Cous

TOUR 1
Capo San Vito
F G 5
San Vito Lo Capo
Mácari
E
Riserva naturale dello Zingaro
Golfo di Castellammare
Tonnara di Bonagia
16
Tonnara di Scopello C
Scopello B D 3 4
18
Custonaci
Erice
16
187
Balata di Báida
Castellammare del Golfo
Trapani
Valderice
A 1 2
Buseto Palizzolo
A29d.
Napola
Terme Segestane
Nubia
Paceco
113
Bruca
H
Alcamo
Marausa
115
Fulgatore
Segesta
113
A29d.
Calatafimi-Segesta
Cuddia
A29
119
21
Ponte Biddusa
188
Salemi
188
Marsala
Gibellina Nuova
Calamita Vecchia
Gibellina Vecchia
Casale
50
Delia Grande
115
A29
Partanna
119
Belice
Castelvetrano
Mazara del Vallo
A29
5
10 km
Campobello di Mazara
115
115

CASTELLAMMARE DEL GOLFO HIGHLIGHTS

A CASTELLAMMARE DEL GOLFO

Der alte Hafen von Segesta. Auf dem Gipfel thront eine arabisch-normannische Burg, darunter liegen der befestigte Ort und am Fuß der Stadtmauer die Bucht mit dem alten Fischerkai *(Bild)*.

B SCOPELLO

Ein befestigter Weiler mit lauschigem Hauptplatz, umgeben von Weinbergen und Olivenhainen und mit Blick auf das Meer. Achtung: Im August wird es hier sehr voll, und die Idylle ist ein wenig getrübt.

C TONNARA DI SCOPELLO

Eintritt, Parkgebühr

Unterhalb des Dorfes erstreckt sich eine fotogene **Bucht**, die oft als Kulisse in Filmen dient. Die malerische *tonnara* ist eine ehemalige Thunfischfabrik. Achtung, im Sommer oft überfüllt.

D BOOTSAUSFLUG

Ab Scopello

Ideal, um das Reservat zu erkunden und die Strände zu genießen, die nur mit dem Boot erreichbar sind. Verleih von Taucherbrillen und Schnorcheln.

www.cetariasea.com | zweimal tgl. 9–13.30, 14–18.30 Uhr

Zugang zum Naturreservat:

- **Südeingang: 5 km nördl. von Scopello (Busanbindung), Parkgebühr**
- **Nordeingang: ca. 10 km südl. von San Vito lo Capo; keine Busanbindung**

E WANDERUNG IM NATURRESERVAT ZINGARO

Riserva naturale dello Zingaro | Eintritt

Ein wunderschöner Pfad (7 km) führt am Meer entlang, von Bucht zu Bucht, und wartet mit kleinen Info-Zentren zu lokalen Traditionen, Fauna und Flora auf. Rechnen Sie mit 4–5 Std. hin und zurück. Man kann allerdings auch nur einen Teil des Strecke gehen, bevor man umkehrt.

- Achtung, keine Verpflegung entlang des Weges und keine Rückfahrt mit dem Bus *(Bild rechte Seite)*.
- Karte am Eingang erhältlich, www.riservazingaro.it

 Die jeweiligen Öffnungszeiten finden Sie im Register ab S. 180.

TOUR
1

CASTELLAMMARE DEL GOLFO HIGHLIGHTS

F SAN VITO LO CAPO

(Bild)

Am Nordrand des Zingaro-Reservats. Kleiner **Badeort** an der Spitze des Kaps mit großem Sandstrand. Um San Vito mit dem Auto zu erreichen, muss man einen Umweg nach Westen machen.

G TAUCHEN

Rund um San Vito lo Capo | www.nautisub.it

Die Unterwasserwelt der Region bietet eine gute Gelegenheit für einen Schnuppertauchgang. Erfahrene Taucher können das Wrack der 1978 gesunkenen *Kent* vor San Vito lo Capo erkunden.

H TERME SEGESTANE

Eintritt

Schwimmbad mit warmem, schwefelhaltigem Thermalwasser, das seit der Antike bekannt ist; drei Becken innen und außen. In Ponte Bagni (zwischen Castellammare del Golfo und Segesta).

 Die jeweiligen Öffnungszeiten finden Sie im Register ab S. 180.

CASTELLAMMARE DEL GOLFO ADRESSEN

1 RISTORANTE DEL GOLFO

Castellammare del Golfo

- Eine Institution!
- Ausgezeichnete Zutaten aus dem Meer, z. B. Pasta *mari e monti* (Tintenfisch, Gambas, Gemüse). Etwas teuer, aber sehr gut!

Via Segesta 153 | tgl. mittags und abends, Winter Di geschl.

2 LA CAMBUSA

Castellammare del Golfo

- Direkt am Wasser.
- Leckere Gerichte, darunter *risotto di mare*. Unbedingt probieren!
- Professioneller Service.

Via Don L. Zangara 67 | tgl. 12–15.30, 18.30–23 Uhr, Ende Dez.–Anfang Jan. geschl.

3 PANIFICIO DI STABILE E ANSELMO

Scopello

- Ein Spezialist für *pane cunzatu* – das sind große, leckere belegte Sandwiches, die nach Wunsch des Kunden zubereitet werden. Ideal zum Mitnehmen für ein Picknick.

Via Galluppi 5 | tgl. 10–23 Uhr

4 BAR NETTUNO

Scopello

- Fisch und Meeresfrüchte stehen im Mittelpunkt der exzellenten Küche.
- Sehr gute *linguine con gambero rosso e pistacchio* (Pasta mit Gambas und Pistazien).

Baglio Isonzo 13 | tgl. 10–24 Uhr

5 PROFUMI DI COUS COUS

San Vito lo Capo

- Acht verschiedene Couscous-Variationen (Thunfisch, Schwertfisch etc.).
- Sehr lauschiger, mit Zitronenbäumen bepflanzter Innenhof.

Ghibli Hotel, Via R. Margherita 80 | April–Okt. tgl.

TAGESAUSFLUG VON CASTELLAMMARE

TRAPANI UND ERICE

BESUCHEN SIE DEN FISCHMARKT UND DIE BURG UND GENIESSEN SIE COUSCOUS NACH TRAPANI-ART.

- **Castellammare–Trapani: 52 km (45 Min.), 1.50 Std. mit dem AST-Bus**
- **Trapani–Erice: 12 km (20 Min.) oder 10 Min. mit der Seilbahn (außer bei schlechtem Wetter), www.funiviaerice.it**

TRAPANI

Verbringen Sie den Vormittag in dieser lebhaften Stadt, die vornehmlich vom Meer lebt: Fischerei, Seehandel, Werften. Um Trapani zu erkunden, sollten Sie den **Corso Vittorio Emanuele**, der von barocken Palästen und Kirchen gesäumt ist, entlangbummeln. Verpassen Sie morgens nicht den **Fischmarkt** und probieren Sie die lokalen Spezialitäten: Fisch-Couscous und *pesto trapanese*. Die Stadt ist ein authentisches Stück Sizilien.

LA CASA DEL CUSCUSU

Trapani

»Couscous wird hier in der Fischvariante mit Trapanese-Soße gegessen. Ich liebe das bunte Geschirr und die Einrichtung des Hauses.«

Via Nunzio Nasi 59 | Mi–Mo

ERICE

Parkplätze an der Hauptzufahrt zur Stadt

Seine außergewöhnliche Lage mit Blick auf Trapani und das Meer erklärt, warum Erice schon seit Urzeiten besiedelt war. Heute ist es eine schöne mittelalterliche Stadt, ein **Adlernest** – oft in die Wolken gehüllt – mit gepflasterten Gassen, Kirchen und Souvenirläden. Steigen Sie zur Burg hinauf, die von den Normannen an der Stelle eines Venustempels errichtet wurde und an deren Fuß der Giardino del Balio zu einer Pause einlädt.

MARIA GRAMMATICO

Erice

»Die Konditorin hat ihre Backkunst bei den Nonnen gelernt, die ihr die Geheimnisse der Herstellung der *genovesi* verraten haben. Ein Hochgenuss!«

Via V. Emanuele 14 | tgl. 9–19.30 Uhr

TOUR
1
Capo San Vito
San Vito lo Capo
Mácari
MITTELMEER
Riserva naturale
dello Zingaro
Golfo di
Castellammare
Tonnara
di Bonagia
Custonaci
Scopello
Erice
Castellammare
del Golfo
Trapani
SP 31
Valderice
187
Balata
di Báida
Buseto Palizzolo
A29d.
Napola
Nubia
Paceco
113
Bruca
Alcamo
Marausa
Fulgatore
Segesta
113
A29d.
Calatafimi-
Segesta
115
Isola
Grande
Cuddia
A29
119
21
Marsala
Ponte
Biddusa
188
Salemi
188
Gibellina
Nuova
Calamita
Vecchia
Gibellina
Vecchia
Casale
50
Delia Grande
115
A29
Partanna
119
Castelvetrano
A29
Mazara
del Vallo
Campobello
di Mazara
115
115
5
10 km

VON CASTELLAMMARE NACH AGRIGENT

- **Auto: 175 km (2.45 Std. reine Fahrzeit)**
- **Castellammare-Castelvetrano per Bahn: 50 Min., dann Bus nach Selinunt**
- **Selinunt: ca. ½ Tag**
- **Castelvetrano-Agrigento mit dem Bus: 2 Std.**

SELINUNT

Selinunte | Eintritt

Die Ruinen einer antiken **griechischen Stadt** über dem Meer – eine der schönsten archäologischen Stätten Siziliens! Im Frühling verzaubert die blühende Natur die Umgebung. Erhalten ist eine Reihe von Tempeln auf einem Hügel, darunter der prächtige Tempel E mit seinen 38 Säulen. Die Akropolis erstreckt sich auf einem Plateau auf einem weiteren Hügel, während ein von Zypressen gesäumter Weg zum Heiligtum des Malophoros führt *(Bild)*.

PIERROT

Marinella di Selinunte

- In einem kleinen Dorf mit wunderbarem Blick auf das Meer.
- Empfehlung: *spaghetti con le sarde alla trapanese* (Pasta mit Sardinen).

Via M. Polo 108 | tgl. 12–14.45, 19–23 Uhr

ERACLEA MINOA

Ein wunderschöner **Strand**, gesäumt von einem Pinienwald. Am Fuße der Klippen schmieren sich die Einheimischen gerne den natürlichen Heilschlamm auf die Haut, bevor sie baden gehen.

SCALA DEI TURCHI

Parkgebühr

Ein legendärer **Strand**, der von schneeweißen Kalksteinklippen eingerahmt wird, die infolge der Erosion wie eine riesige Treppe *(scala)* anmuten. Besonders schön bei Sonnenuntergang!

TOUR 1
San Vito lo Capo
Golfo di Castellammare
Riserva naturale dello Zingaro
Scopello
Castellammare del Golfo
Terrasini
Capaci
Mondello
Palermo
Trappeto
Monreale
Bagheria
Partinico
Altofonte
Casteldáccia
Alcamo
Jato
S. Cipirello
Eleutero
Ségeste
Marineo
Camporeale
Grande Frattina
Villafrati
S. Leonardo
Frattina
Salemi
Gibellina Nuova
Gibellina Vecchia
Corleone
Vicari
Delia Grande
Partanna
Belice
Prizzi
Castelvetrano
Sambuca di Sicilia
Cammarata
Sósio
Bivona
Burgío
Menfi
Selinunt
Caltabellotta
Cianciana
Sciacca
Ribera
Plátani
MITTELMEER
Raffadali
Eraclea Minoa
Montallegro
Agrigent
Scala dei Turchi
0 5 10 km

ETAPPE 3 AGRIGENT UND DAS TAL DER TEMPEL

INFOS & ADRESSEN

- **Bahn:** Eine gute Alternative, wenn Sie von Palermo kommen (2 Std.). Steigen Sie an der Haltestelle Agrigento Centrale aus.
- **Tourist-Info:** Piazzale Aldo Moro 1, Mo–Fr 8–14, 14.30–19, Sa 8–14 Uhr, ✆ 800 23 68 37

ZWEI HIGHLIGHTS

- **Agrigent** besitzt eine mittelalterliche Altstadt, umgeben von einem Ring moderner Hochhäuser.
- Südlich davon liegt das **Tal der Tempel**, eine außergewöhnliche Ansammlung von sieben Tempeln, errichtet auf einem Hügel mit Blick aufs Meer. Akrágas (das antike Agrigent) wurde 581 v. Chr. von griechischen Siedlern gegründet.

BESICHTIGUNG

Wir haben den Besuch in zwei Abschnitte aufgeteilt:
1. Altstadt von Agrigent
2. Tal der Tempel

- Es gibt Kombitickets für das Tal der Tempel und das Archäologische Museum bzw. für das Tal der Tempel und den Giardino della Kolymbetra (siehe Register S. 180).
- Kommen Sie möglichst gleich nach der Öffnung des Archäologischen Parks (noch milde Temperaturen, und der Andrang ist geringer) oder bei Einbruch der Dunkelheit (schöne Beleuchtung).
- Für den Weg zum Archäologischen Museum sollten Sie am besten wieder das Auto nehmen (es geht bergauf).

UNTERWEGS IN AGRIGENT

- Die **historische Altstadt** von Agrigent ist eine Fußgängerzone. Lassen Sie Ihr Auto am besten auf einem der gebührenpflichtigen Parkplätze stehen.
- Das **Tal der Tempel** ist 3 km entfernt. Es gibt mehrere Busse, die von der Piazza Rosselli dorthin fahren. Nehmen Sie den Bus 2/ (nicht 2), der am Junotempel hält. Besuchen Sie das Gelände von Ost nach West und nehmen Sie den Bus 1 am Westeingang für die Rückfahrt. Alle Busse halten am Archäologischen Museum.

Auto: Gebührenpflichtige Parkplätze befinden sich an den beiden Eingängen der Stätte (Nr. 1 im Osten und Porta V im Westen). Gehen Sie entweder zu Fuß zu Ihrem Auto zurück oder nutzen Sie den kostenpflichtigen Shuttlebus zwischen den beiden Parkplätzen.

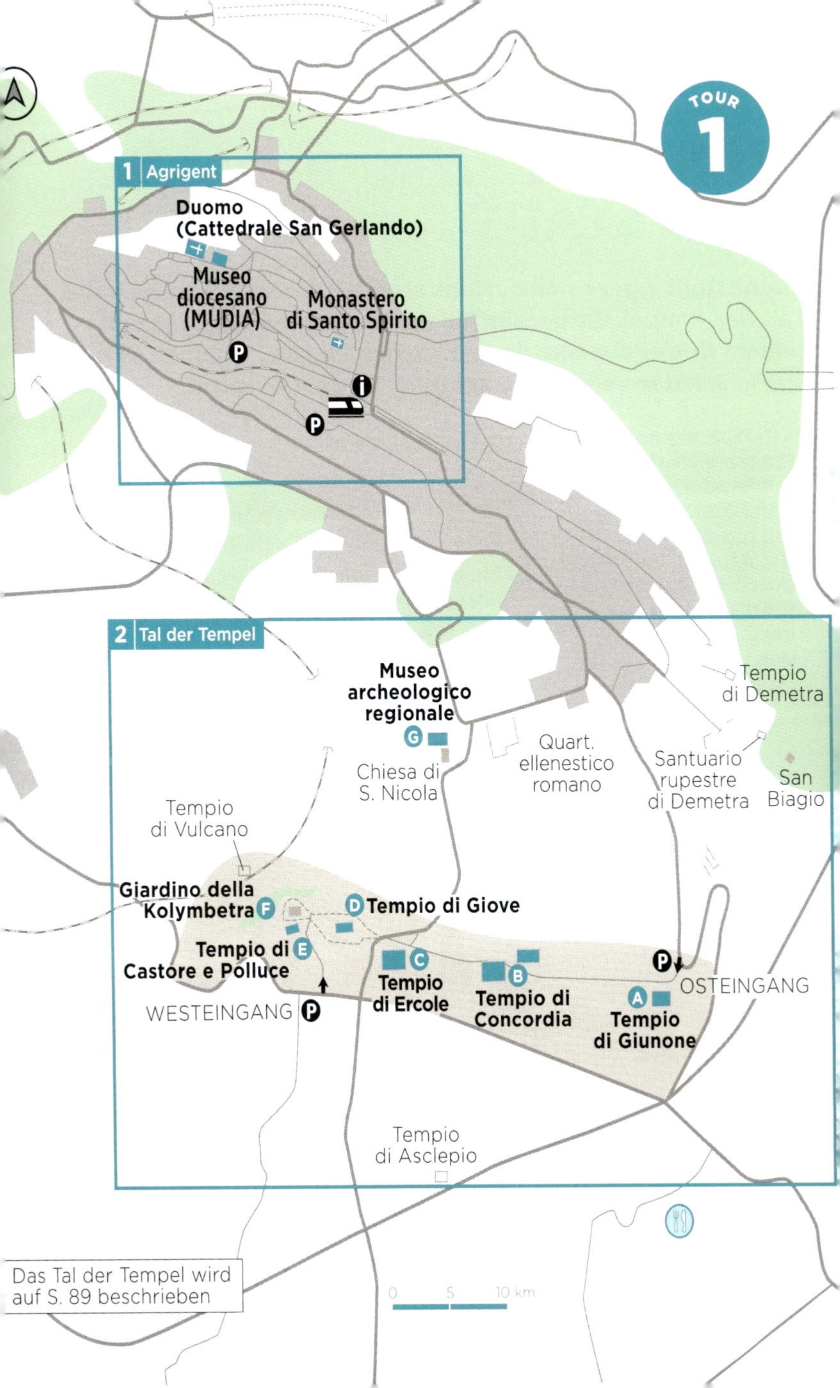

Das Tal der Tempel wird
auf S. 89 beschrieben

AGRIGENT

1 ALTSTADT

Die Altstadt eignet sich bestens als Basis für die Erkundung des Tals der Tempel. Entdecken Sie das historische Zentrum mit seinem Gewirr aus Gassen und kleinen Plätzen, in denen sich wahre Schätze verbergen. Achtung: Es geht bergauf!

• Parken Sie an der Piazza Vittorio Emanuele oder in Bahnhofsnähe. Nehmen Sie anschließend die Via Atenea, die quer durch die Altstadt führt und von der verschiedene Treppen und verwinkelte Gassen abgehen.

SEHENSWERTES

- A Duomo (Cattedrale San Gerlando)
- B Museo diocesano (MUDIA)
- C Monastero di Santo Spirito

ADRESSEN

1. A Putia
2. Ruga Reali
3. Kalòs
4. Dolci de Santo Spirito
5. Le Cuspidi

TOUR 1
Duomo
Cattedrale
n Gerlando)
Museo
diocesano
(MUDIA)
A
B
Via Duomo
Santa di Maria
dei Greci
V. Saponara
Via Matteotti
Teatro
Pirandello
Cortile
Scribani
2
PIAZZA
PIRANDELLO
P.
LENA
Ex-collegio
dei Filippini
PIAZZA
S GIACOMO
Garibaldi
Porta di Mare
San Lorenzo
Via Gioeni
Via Imera
Via Plebis Rea
Via delle Mura
Via S. Girolamo
V. Madonna d. Angeli
Via Gioeni
Monastero di
Santo Spirito
Via Santo
Spirito
C
4
1
Museo
Civico
Via Atenea
Via Porcello
PIAZZA SAN
FRANCESCO
V. Atenea
V. Pirandello
Police
PIAZZALE
ROSSELLI
Via Cicerone
V.
Papa Luciani
PIAZZA
VITTORIO
EMANUELE
Via S. Vito
PIAZZALE
MORO
P.
VADALÀ
3
S.
Filino
P. SAN
CALOGERO
PIAZZA
MARCONI
Via Empedocle
Via Acrone
Via Dante
Viale della Vittoria
Via F. Crispi
5
V.
del Piave
PIAZZA
CAVOUR
Via Callicratide
Via Esseneto
Via Manzoni
200 m

AGRIGENT SEHENSWERTES & ADRESSEN

1 ALTSTADT

A DUOMO (CATT. SAN GERLANDO)

Via Duomo | Eintritt

Ein lohnendes Ziel für einen Bummel über zahlreiche Gassen und Treppen auf die Anhöhe. Die normannische Fassade ist eher schlicht (12. Jh.) und wird von einem massiven Glockenturm flankiert.

B MUSEO DIOCESANO (MUDIA)

Via Duomo 96 | Eintritt

Das Museum logiert im an die Kathedrale angrenzenden Palast. Beachten Sie die Details der bemalten Decke (16. Jh.). Zu sehen sind religiöse Objekte, darunter eine Sammlung von Votivgaben.

C MONASTERO DI SANTO SPIRITO

Via Santo Spirito 9 | Eintritt

Besuchen Sie das **Kloster** aus dem 14. Jh. mit einer kleinen Sammlung lokalen Kunsthandwerks. Die barocke Dekoration aus weißem Stuck in der Kirche gestaltete der sizilianische Meister Serpotta *(Bild)*.

1 A PUTIA

- Angenehme *bottega siciliana*, um ein Glas Wein zu trinken und eine Kleinigkeit zu essen.
- Es gibt Käse- und Wurstplatten sowie *bruschette*.

Via Porcello 18–20 | Mo–Sa 18.30–24, Do, Fr bis 0.30 Uhr

2 RUGA REALI

- Trattoria, die sich auf Fischgerichte wie *paccheri gambero rosso e pistacchio* (Nudeln mit Gambas und Pistazien) spezialisiert hat.

Cortile Scribani 8 | tgl. 19–23.30, Sa, So auch 12–15 Uhr, Winter Di geschl.

3 KALÒS

- Kreative Küche, in der lokale Produkte Verwendung finden. Die Pasta mit Austern ist ein Genuss!
- Bezaubernde Balkone mit Blick auf die Piazza.

Piazza San Calogero | Di–So 12.30–15, 19–23 Uhr

4 DOLCI DE SANTO SPIRITO

- Wunderbares Gebäck, das von den Zisterzienserinnen des Klosters Santo Spirito hergestellt wird.
- Probieren Sie die Leckerei *pistacchio e mandorle* (Pistazien und Mandeln).

Via Santo Spirito 8 | klingeln!

5 LE CUSPIDI

- Eiskreationen, die man einfach lieben muss!
- Kosten Sie vor allem die Sorte Pistazie sowie das feine Gebäck. Tolles Preis-Leistungs-Verhältnis.

Piazza Cavour 19 | Mi–Mo 7–24 Uhr

 Die jeweiligen Öffnungszeiten finden Sie im Register ab S. 180.

TOUR
1

AGRIGENT

2 TAL DER TEMPEL

GUT ZU WISSEN

• **Es gibt zwei Eingänge:**
– im Osten beim Tempio di Giunone (Heratempel)
– im Westen, »Porta V« genannt (Porta Quinta)
Jeder Eingang verfügt über einen kostenpflichtigen Parkplatz. Beachten Sie, dass der westliche Parkplatz unterhalb der Tempel liegt und Sie zu Fuß zu den Tempeln aufsteigen müssen. Parken Sie daher am besten auf dem östlichen Parkplatz. Zwischen den Parkplätzen gibt es einen kostenpflichtigen Pendelbus.
• Ein Lageplan ist an der Kasse erhältlich.
• Es gibt ein Kombiticket Tal der Tempel + Museo archeologico bzw. Tal der Tempel + Giardino della Kolymbetra.
• Mitte Juli bis Mitte Sept. ist das Tal der Tempel abends zugänglich und beleuchtet.

 Die jeweiligen Öffnungszeiten finden Sie im Register ab S. 180.

AGRIGENT SEHENSWERTES

2 TAL DER TEMPEL

A TEMPIO DI GIUNONE

Heratempel

Ganz am östlichen Ende steht der **Tempel** etwas isoliert und überragt den Rest des Tals. Er soll Hera, der Ehefrau von Zeus, die auch als Göttin der Ehe und der Fruchtbarkeit gilt, gewidmet sein.

B TEMPIO DELLA CONCORDIA

Concordiatempel

Der am besten erhaltene **Tempel** in Agrigent. Seine idealen Proportionen verleihen ihm das Aussehen eines perfekten klassischen Tempels. Die umliegenden Olivenbäume sind über 500 Jahre alt.

C TEMPIO DI ERCOLE

Heraklestempel

Er stammt noch aus archaischer Zeit zu Beginn des 5. Jhs. v. Chr. und ist der älteste **Tempel** der archäologischen Stätte. Von seinen ursprünglich 90 Säulen sind noch acht erhalten.

D TEMPIO DI GIOVE

Zeustempel

Eines der bedeutendsten Bauwerke der hellenischen Welt, das 406 v. Chr. von den Karthagern zerstört wurde. Auf dem Boden findet sich die Kopie eines der riesigen Atlanten, der den Bau einst stützte.

E TEMPIO DI CASTORE E POLLUCE

Dioskurentempel

Von diesem Tempel ist nur noch eine Ecke mit vier eleganten Säulen übrig: ein oft fotografiertes Motiv und Wahrzeichen von Agrigent. In Wirklichkeit wurden sie erst im 19. Jh. wieder aufgerichtet.

F GIARDINO DELLA KOLYMBETRA

Zusätzlich Eintritt

Wunderschöne **Gartenanlage** unterhalb der Tempel. Ein ehemaliges Wasserreservoir wurde in einen Obstgarten mit Orangen-, Feigen-, Pistazien- und Myrtenbäumen verwandelt.

G MUSEO ARCHEOLOGICO REGIONALE

Contrada San Nicola 12 | Museum zusätzlich Eintritt

Um einen vollständigen Überblick über die Vergangenheit von Agrigent – von der Vorgeschichte bis zur römischen Zeit – zu geben, hat das **Museum** wunderschöne Exponate aus der archäologischen Stätte und der Umgebung zusammengestellt. Dazu gehören außergewöhnliche Statuen wie der **Ephebe von Agrigent**, Terrakottastatuetten, bemalte Vasen, Sarkophage und ein 7,65 m hoher originaler **Atlant**.

KOKALOS

»Mein Lieblingslokal für ein Mittag- oder Abendessen mit Blick auf das Tal der Tempel. Ich liebe den gegrillten Fisch!«

Via A. Capitano 3 (SS 115 nach Osten, dann SP 71) | tgl. 12.30–14.30, 19–23.30 Uhr

VON AGRIGENT NACH ENNA

- **Auto: 135 km (2.30 Std. reine Fahrzeit)**
- **Bus: Agrigent-Piazza Armerina und Piazza Armerina-Enna**
- **Bahn: Agrigent-Enna**

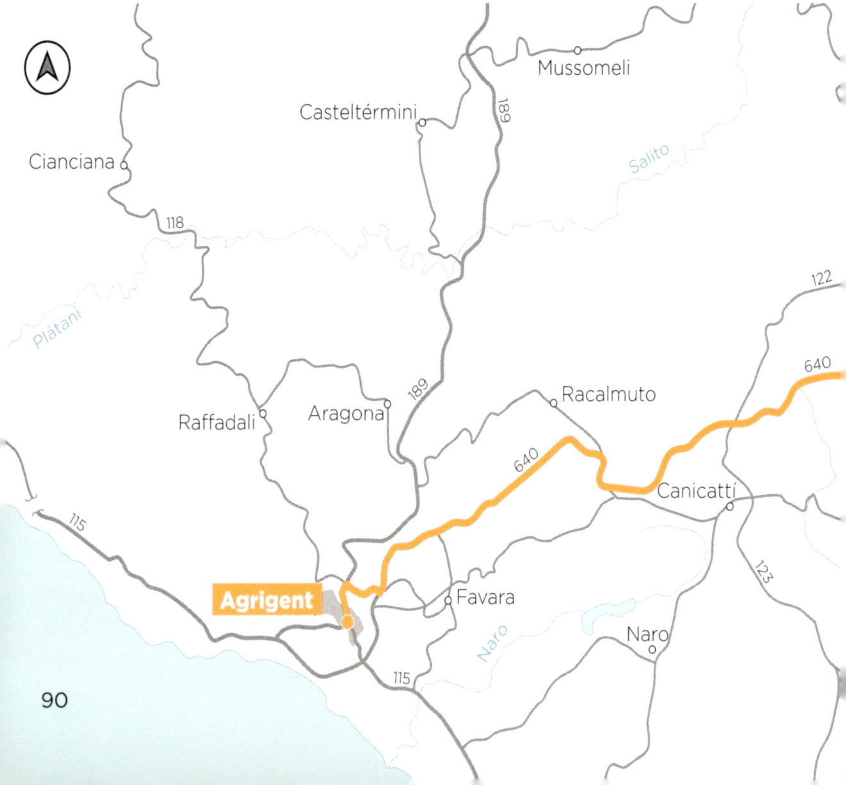

Mussomeli
Casteltérmini
189
Cianciana
Salito
118
122
Plátani
640
189
Racalmuto
Raffadali
Aragona
640
Canicattí
115
123
Agrigent
Favara
Naro
Naro
115

VILLA ROMANA DEL CASALE

Eintritt | (Bild)

3500 m² atemberaubende Bodenmosaike in einer römischen Villa aus dem 3. und 4. Jh. n. Chr. Ein absolutes Highlight einer Sizilienreise! *Eine ausführliche Beschreibung finden Sie auf S. 132.*

PIAZZA ARMERINA

Hier machen viele nach dem Besuch der Villa del Casale halt. Bei einem kleinen Rundgang durch die Altstadt kann man die schöne Kuppelkathedrale bewundern und dann zum Mittagessen einkehren.

TRATTORIA DEL GOLOSO

- Gute Adresse für eine familiäre Küche.
- Ein besondere Empfehlung verdient die Pasta mit Sardinen und Fenchel.

Via Garao 4 | tgl. 12.30–15.30, 18.40–22, Sommer bis 22.30 Uhr

A19
Enna
581
192
117 bis
Pergusa
L. di Pergusa
122
Cataldo
Caltanissetta
Valguarnera Caropepe
Raddusa
626
117b
Aidone
288
Pietraperzía
191
Piazza Armerina
Barrafranca
15
Villa romana del Casale
Salso
190
117b
Mazzarino
Riesi
Ravanusa
0 5 10 km

ETAPPE 4 ENNA

Mit ihren zahlreichen hügeligen Feldern galt die Gegend um Enna als »Kornkammer« des Römischen Reichs. Die Stadt thront auf einem Felssporn in 950 m Höhe im Herzen der Insel und wird daher auch als »Nabel« bzw. »Balkon Siziliens« bezeichnet.

- **Tourist-Info: Via Roma 415**
- **Die Prozessionen der Karwoche sind in Enna besonders spektakulär: Die Bruderschaften ziehen in Kostümen und mit Kapuzen durch die Stadt.**

SEHENSWERTES

- A Duomo
- B Castello di Lombardia
- C Piazza Crispi
- D Calascibetta *(Bild)*

ADRESSEN

- 1 Ristorante Centrale
- 2 Liolà Enna Restopizza
- 4 Caffè Roma

D Calascibetta (6 km)
C Piazza Crispi
Rocca di Cerere
Castello di Lombardia
B
Duomo
A
Corso Sicilia
Via Vittorio Emanuele
San Cataldo
PIAZZA VITTORIO EMANUELE
Belvédère Marconi
Viale G. Marconi
Via Panoramica Casina Bianca
V. Vulturo
Via Roma
PIAZZA 6 DICEMBRE
PIAZZA G. GARIBALDI
PIAZZA MAZZINI
V. Lombardia
V. della Citadella
Via Panoramica Lombardia
mitero
Via delle Scienze
V. S. Fr. D'Assisi
San Marco del Popolo
V. Arangio
V. Atene
V. Mulino a Vento
Palazzo di Giustizia
V. Ragusa
V. Donna Nuova
Prigione
V. Siracusa
Via Palermo
Trieste
Chiesa del Carmine
Viale Armando Diaz
Via Aidone
Via Roma
Via Pergusa
Via Candurra
Via Candrilli
V. Fontana Grande
Via Paolo Lo Manto
Via Bagni
V. A. di Bilio
V. Paglia
Via San Leone
Via S. Pietro
Rinascita
Via della
Via Messina
Via Roma
Via Mercato
Villa Communale Farina
Via Libertà
V. Torre di Federico
Villa Torre di Federico
V. Duca d'Aosta
Via 4 Novembre
Montesalvo
Via Mercato
Stadio Gaeta
Strada dello Stadio
PIAZZA EUROPA
Via Risorgimento
Via Spirito Santo
Via Piave
Panoramica
Parrocchia San Leonardo In Montesalvo
Monte Cantina
Via Pergusa
Viale dell'Unità d'Italia
Str. Vicinale Santa Lucia
400 m

ENNA

HIGHLIGHTS

A DUOMO

Piazza Mazzini | Eintritt frei | (Bild rechte Seite)

Man betritt den Bau nicht durch den massiven Glockenturm (17. Jh.), sondern durch ein Seitenportal. Im Inneren locken eine schöne Holzkassettendecke, Basaltsäulen und interessante Malereien.

B CASTELLO DI LOMBARDIA

Via Lombardia | Eintritt frei

Die strategische Lage des Kastells lässt erahnen, wie wichtig es einst war. Steigen Sie unbedingt auf die **Torre delle Aquile** (Adlerturm), von dort bietet sich ein atemberaubender Ausblick *(Bild)*.

C PIAZZA CRISPI

Belvedere Marconi

Hier begeistert vor allem die Aussicht auf die umliegende Landschaft: auf der anderen Seite des Tals Calascibetta, rechts die Silhouette der Festung und in der Ferne das Bergmassiv des Ätna.

D CALASCIBETTA

6 km nördl. von Enna

Seine Vergangenheit als arabisches Militärlager hat diesem Felsennest, das auf einem Sporn gegenüber von Enna thront, ein enges Gassengewirr hinterlassen, das an nordafrikanische Medinas erinnert.

1 RISTORANTE CENTRALE

- Eine Institution in Enna mit einem reichhaltigen *antipasti*-Büfett.
- Probieren Sie die *maccheroni all'ennese* (mit Gemüse und Ricotta).

Piazza VI Dicembre 9 | tgl. 13–15.30, Mo–Sa 19–22.30 Uhr

2 LIOLÀ ENNA RESTOPIZZA

- Ausgezeichnete Pizzas, auch mit Meeresfrüchten. Außerdem Pasta, Fisch- und Fleischgerichte.
- Exzellentes Preis-Leistungs-Verhältnis.

Via Duca d'Aosta 2 | Di–So mittags und abends

3 CAFFÈ ROMA

- Eine sehr gute Konditorei, die auch Pizza und Focaccia im Angebot hat.
- Der Cappuccino ist hier wirklich zu empfehlen!

Via Roma 312, an der Piazza Vittorio Emanuele | tgl., Nebensaison Di geschl.

 Die jeweiligen Öffnungszeiten finden Sie im Register ab S. 180.

VON ENNA NACH CEFALÙ

- **Auto: 185 km (4 Std.) über spektakuläre enge Bergstraßen**
- **Direktverbindung Enna–Cefalù: 115 km, 1.30 Std. (Autobahn)**
- **Mit öffentlichen Verkehrsmitteln kaum möglich**

LEONFORTE

In dieser hübschen Kleinstadt bleibt vor allem die monumentale **Granfonte**, ein überdimensionaler Brunnen, in Erinnerung, ausgestattet mit 24 Ausläufen und verziert mit Arkaden und Reliefs.

NICOSIA

Nicosia wurde auf vier Hügeln erbaut und war im Mittelalter eine wichtige Stadt. Davon zeugen die Paläste und Kirchen. Hinter dem Portal der Kathedrale (14. Jh.) befindet sich ein wertvoller Chor.

BOUTIQUE DEI PRODOTTI ARTIGIANALI

- Hier gibt's alles für ein herzhaftes Picknick: selbst gebackenes Brot, Schinken, Käse aus Nikosia und Umgebung.

Nicosia, Via F. Salomone 8 | Mo–Sa 8.30–13, 16.30–19 Uhr, Mi abends geschl.

SPERLINGA

Ein außergewöhnliches, in den Berg gehauenes Dorf, das von einer Felsenburg dominiert wird. Folgen Sie dem Pfad zum Gipfel, der an mehreren Höhlenwohnungen vorbeiführt. Die Aussicht ist fantastisch!

GANGI

Wie ein riesiges Theater schmiegt sich der Ort an einen Hügel. Man wandert hinauf bis zur Piazza del Popolo mit der Chiesa Madre, die ein herrliches Gemälde des Jüngsten Gerichts birgt *(Bild)*.

TRATTORIA SANT'ANNA

Gangi

- Gute regionale Zutaten und üppige Portionen.
- Probieren Sie *pasta alla pastorella* (mit Gemüse, Wurst und Ricotta).

Via Sant'Anna 2 | tgl. mittags und abends, Mi geschl. (außer Juli, Aug.)

Cefalù
TYRRHENISCHES MEER
TOUR 1
Campofelice di Roccella
A20
Caronia
Termini Imerese
Castelbuono
Mistretta
Collesano
Cerda
Parco delle Madonie
Polizzi Generosa
Petralia Sottana
Caltavuturo
Salso
Gangi
Petralia Soprana
Castellana Sicula
Sperlinga
Nicosia
Vallelunga Pratameno
Leonforte
Salso
Calascibetta
Marianópoli
Mussomeli
Enna
Salito
Pergusa
L. di Pergusa
Valguarnera Caropepe
S. Cataldo
Caltanissetta
Pietraperzía
Racalmuto
Salso
Barrafranca
Villa romana del Casale
Piazza Armerina
Canicattí
0 5 10 km

ETAPPE 5 CEFALÙ

Cefalù, umspült vom türkisfarbenen Wasser des Tyrrhenischen Meeres, ist ein herrlicher Badeort. Die alte Festungsstadt am Fuße eines mächtigen Felsens beherbergt eine normannische Kathedrale mit wertvollen Mosaiken.

- **Parken Sie außerhalb der Altstadt, die für den Verkehr gesperrt ist. Gebührenpflichtige Parkplätze gibt es entlang des Lungomare (Strandpromenade).**
- **Tourist-Info: Corso Ruggero 77**

HIGHLIGHTS

- A Corso Ruggero
- B Duomo
- C Porta Pescara
- D Museo Mandralisca
- E Aufstieg zur Rocca
- F Strandbesuch

ADRESSEN

1. Bottega Ti Vitti
2. La Botte
3. La Tavernetta
4. Al Faro
5. Vecchia Marina
6. Bar Duomo

Übernachten Sie in Cefalù, um hier den Sonnenuntergang zu erleben: Die Fassaden und die Kathedrale schimmern dann goldgelb über dem Wasser …

Um einen ersten Überblick zu gewinnen, spazieren Sie auf dem Pier in Richtung Porta Pescara oder entlang des Lungomare.

Belvedere
PIAZZA CRISPI
F Caldura (3 km), Sant'Ambrogio(8 km)
V. Ortolani di Bordonaro
2
Via Candeloro
3 (1 km),
4 (450 m)
Via Veterani
ALTSTADT
Porta Pescara
C
Via Portosalvo
F
Strand
Via Mandralisca
D
Museo Mandralisca
PIAZZA DEL DUOMO
Cloître
B
Duomo
5
6
Via XXV Novembre
A
Corso Ruggero
Lavoir médieval
Via Vittorio Emanuele
Via Gioeni
MITTELMEER
Via Nicola Botta
Église del Purgatorio
Via Vanni
Via Amendola
Osterio Magno
PIAZZA BAGNO CICERONE
Via S. Spinuzza
Strand
F
Giardina
PIAZZA COLOMBO
Discesa Paramuro
Salita Saraceni
PIAZZA GARIBALDI
1
Giuseppe
Via Cavour
Via Palestra
Via Archimede
V. G. Prestisimone
Via Matteotti
E La Rocca (1 km)
Lungomare
Via Umberto I
Mazzaforno (4,5 km), Settefrati (5 km)
Pintorno
Via San Pasquale
V. Giuseppe Mazzini
Maestro
Via Enrico Fermi
Via Enrico Medi
Via Roma
Via Giglio
Via Aldo Moro
Via Giuseppe Vazzana
Roma
Via
Gramsci
Cirincione
Via Pietragrossa
100 m
Via Antonio
Via

CEFALÙ

HIGHLIGHTS

A CORSO RUGGERO

Die **Einkaufsstraße** führt von Nord nach Süd durch die Altstadt, die immer belebt und in den Sommermonaten auch sehr touristisch ist. Auf der westlichen Seite reichen einige Straßen zum Meer, auf der anderen Seite stoßen die dunklen Gassen an den befestigten Felsen der Rocca. Man passiert den **Osterio Magno**, einen Palast aus dem 13.–14 Jh., und die **Chiesa del Purgatorio**, bevor man die hübsche **Piazza del Duomo** erreicht.

B DUOMO

Piazza del Duomo | Eintritt frei

Wunderschöne normannische **befestigte Kirche** aus hellem Stein, die von Roger II. im 12. Jh. erbaut wurde. Die wundervollen **Mosaiken** in der zentralen Apsis im Innenraum bleiben unvergesslich.

C PORTA PESCARA

Wenn Sie vor diesem einzigen Überbleibsel der alten **Stadttore** stehen, bietet sich eine Postkartenkulisse. Folgen Sie dem Licht und gehen Sie hindurch, um sich am Strand wiederzufinden.

D MUSEO MANDRALISCA

Via Mandralisca 13 | Eintritt

Der Besuch lohnt vor allem wegen des Porträts eines Mannes von Antonello da Messina (15. Jh.). Das rätselhafte Lächeln seines Modells, das 40 Jahre vor der *Mona Lisa* entstand, fasziniert.

E AUFSTIEG ZUR ROCCA

1 Std. Wanderung

Ziehen Sie festes Schuhwerk an, wenn Sie diesen Felsen, der von den Ruinen einer **Burg** gekrönt wird, besteigen. Oben angekommen, wird man mit einem Blick auf die gesamte Küste belohnt.

F STRANDBESUCH

In Cefalù und Umgebung

Die kleine Bucht am Fuße der Altstadt **(Porta Pescara)** ist bezaubernd, wenn auch oft überfüllt. Gen Westen erstreckt sich ein langer weißer Sandstrand, an dem man Sonnenschirme mieten kann. Zum Schwimmen im türkisfarbenen Wasser gibt es weitere Gelegenheiten: im Westen **Mazzaforno** mit seinen Buchten (4,5 km) sowie **Settefrati** (5 km), im Osten **Caldura**, ein kleiner Kieselstrand, und **Sant'Ambrogio**, eine wenig besuchte Oase.

TOUR 1

CEFALÙ

ADRESSEN

1 BOTTEGA TIVITTI

• Einfallsreiche Burger aus lokalen Produkten, Pizzas, Salate sowie Käse- und Wurstplatten.
• Innovatives Design und tolle Lage direkt am Meer.
Lungomare G. Giardina 7 | tgl. 11–17, 19–24 Uhr

2 LA BOTTE

• Ausgezeichnete Hausmannskost, bei der Fisch und Meeresfrüchte im Zentrum stehen. Kosten Sie *bucatino fresco alla sarde* (Pasta mit Sardinen).
Via Veterani 20 | Di–So 12.30–14.30, 19.30–23 Uhr

3 LA TAVERNETTA

• Am Hafen gelegen und viele Einheimische.
• Der gegrillte Fisch und die Meeresfrüchte sind exzellent. Nette Terrasse.
Contrada Presidiana | Di–So 12–15, 17–23.30, Sommer auch Mo 12–15 Uhr

4 AL FARO

• Der schönste Sonnenuntergang über dem Meer – und eine Küche, die es wirklich in sich hat.
• Die Spaghetti mit Meeresfrüchten sind köstlich!
Via Porta Giudecca 62 | tgl. 12.30–14.30, 19–22 Uhr

5 VECCHIA MARINA

• Stadtbekannt für die Frische, Vielfalt und herausragende Qualität von Fisch und Meeresfrüchten.
• Sehr gute *insalata di mare* (mit Meeresfrüchten).
Via V. Emanuele 73–75 | Do–Di 12–15, 19–23 Uhr

6 BAR DUOMO

»Mein Sehnsuchtsort für eine gute *granita* in Cefalù, zum Mitnehmen, um sie beim Bummeln durch die Straßen zu genießen.«
Piazza del Duomo 24 | tgl. 7–24 Uhr, Winter Di geschl.

TAGESAUSFLUG VON CEFALÙ

DIE MADONIE

EINE RUNDFAHRT MIT VIELEN NATURERLEBNISSEN

- **Auto: 135 km, (3.20 Std.) über herrliche Straßen**
- **Die Bergkette ist als Naturpark ausgewiesen: www.parcodellemadonie.it.**
- **Karten und Informationen zu Wanderungen sind in den Tourist-Infos von Castelbuono und Petralia Sottana erhältlich.**
- **www.discoverymadonie.com: Die Agentur hat sich auf Outdoor-Aktivitäten spezialisiert (Wandern, Reiten, Mountainbiking, Klettern, etc.).**

CASTELBUONO

Dieser Ort, der von einer imposanten Burg (14. Jh.) dominiert wird, war einst die Hauptstadt einer Grafschaft. Bei einem Spaziergang durch die Gassen können Sie an der Kirche **Matrice Vecchia** haltmachen und die Fresken an den Wänden bewundern sowie das Polyptychon über dem Hauptaltar, das die Krönung der Jungfrau Maria darstellt (16. Jh.). Vielleicht führt Sie Ihr Weg auch zum **Castello** mit der barocken Sant'Anna-Kapelle.

FIASCONARO

Castelbuono

- Seit Generationen bekannte Konditorei und Bar.
- Genießen Sie den köstlichen *panettone*.

Piazza Margherita 10 | Do–Mo 6.30–spät (Winter kürzer), Mi 9–13, 15.30–19.30 Uhr, Winter Mi geschl.

PETRALIA SOPRANA

(Bild)

Das höchste Dorf der Madonie (1147 m), von hier reicht der Blick bis zum Ätna – alte Steinhäuser, viele Kirchen. Weiter unten, in **Petralia Sottana**, lockt die Kirche mit einem schönen Altaraufsatz.

COLLESANO

Ein weiteres Dorf, das sich an den Berg klammert und dessen Häuser sich unter den Ruinen eines normannischen Schlosses versammeln. Verwinkelte Gassen, Treppen, kleine Plätze und Brunnen ...

TOUR
1
TYRRHENISCHES MEER
Cefalù
Caldura
mpofelice
Roccelia
113
A20
A20
28
Sant. di
Gibilmanna
Gratteri
9
Isnello
P. Dipilo
1 386 m
9
Castelbuono
Abisso del Vento
(Höhlen)
Collesano
54
San Guglielmo
Piano Battaglia
Cozzo Liccia
286
P. Carbonara
1 979 m
Cixé
1 420 m
9bis
Parco delle
Madonie
Geraci Siculo
Santuario della
Madonna dell'Alto
643
A19
119
altavuturo
Petralia
Sottana
Nociazzi
Polizzi
Generosa
643
120
Petralia
Soprana
Gangi
Ätna
(130 km)
Castellana
Sicula
0
5
10 km

VON CEFALÙ NACH PALERMO

- **Auto: 95 km, 1.50 Std. (reine Fahrzeit)**
- **Direkt zum Flughafen: 100 km (1.30 Std., Puffer wegen Verkehrsaufkommen einplanen)**
- **Bahn: Cefalù-Palermo 50 Min. (Zug nach Bagheria)**

CASTELLO DI CACCAMO

Caccamo | Eintritt

Eine der beeindruckendsten Burgen Siziliens – und eine der am besten erhaltenen. Ihre zinnenbewehrten Bastionen thronen über der Ortschaft, im Hintergrund die Berge. Herrliche Aussicht.

LA SPIGA D'ORO

Caccamo

»Die *antipasti della casa* kommen in großen Portionen und sind wirklich köstlich – wie alle Gerichte in diesem kleinen Restaurant.«

Via Margherita 74 | Do–Di 12.30–15.30, 19–24 Uhr

BAGHERIA

Villen Eintritt

Im 18. Jh. ließen die Adligen von Palermo hier ihre prächtigen Anwesen errichten. Unter den 20 barocken Villen ist die exzentrische **Villa Palagonia** mit ihren 60 grotesken Statuen und dem atemberaubenden Spiegelsaal, der mit Trompe-l'œil-Malereien, Marmor und Spiegeln ausgestattet ist, besonders sehenswert. Die **Villa Cattolica** beherbergt das **Museo Guttuso**. Renato Guttuso war ein sizilianischer Maler und Freund Picassos.

CATANIA UND ÄTNA — PIAZZA ARMERINA — RAGUSA — NOTO — SYRAKUS — TAORMINA — CATANIA UND ÄTNA

DER OSTEN
ÄTNA UND BAROCKSTÄDTE

Barocke Städte, Mosaiken und der höchste Vulkan Europas. Entdecken Sie auf sechs Etappen die Highlights im Osten Siziliens.

Unter dem Vulkan
2-3 Tage

Die Mosaiken der Villa Romana del Casale
1 Tag

Mittelalter trifft auf üppigen Barock
1-2 Tage

Schaufenster des sizilianischen Barocks
1-2 Tage

Erhabene Schönheit und süßes Leben
2 Tage

Das schönste antike Theater
1-2 Tage

- **Von Catania:** Die Nordflanke des Ätna
- **Von Taormina:** Messina
- **Von Taormina:** Liparische Inseln

ETAPPE 1 CATANIA UND ÄTNA

VOM FLUGHAFEN INS ZENTRUM

- **Bus:** Alibus, alle 25 Min., 20 Min. Fahrzeit, mehrere Stopps im Stadtzentrum, www.amt.ct.it
- **Taxi:** ca. 25 €, 15 Min.
- **Weiterfahrt:** Vom Flughafen gibt es Direktbusse nach Milazzo (Liparische Inseln) sowie zu den wichtigsten Städten im Osten: Syrakus, Taormina, Messina.

UNTERWEGS IN CATANIA

- **Zona ZTL** im Stadtzentrum. Lassen Sie Ihr Auto in einem Parkhaus, die Altstadt kann gut zu Fuß erkundet werden.
- **Bus und Metro:** Eine U-Bahn-Linie verbindet den Hafen mit dem Zentrum und dem Bahnhof Borgo, von wo aus der Zug Circumetnea (Rundfahrt um den Ätna, siehe S. 123) abfährt. www.amt.ct.it
- **Taxi:** Radio Taxi Catania ✆ 095 33 09 66

GUT ZU WISSEN

- **Catania Pass:** freie Fahrt mit öffentlichen Verkehrsmitteln und Ermäßigungen für verschiedene Museen und Sehenswürdigkeiten, www.cataniapass.it
- **Touristenbus** von Katane Live, drei Routen: Zentrum, Strandpromenade bis zu den Stränden im Norden sowie eine Tour zum Ätna und zum Rifugio Sapienza, www.katanelive.com

SEHENSWERTES

Wir haben den Besuch in zwei Abschnitte aufgeteilt:

1. Catania
2. Ätna

Das Rifugio Sapienza liegt rund 1.10 Std. mit dem Auto von Catania entfernt.

INFOS & ADRESSEN

- **Ufficio turistico di Catania:** Via V. Emanuele II 172 (am Dom)
- **Ufficio turistico Provincia di Catania:** Via Etnea 63 (im Palazzo Minoriti), gute Infos und Tipps zum Ätna

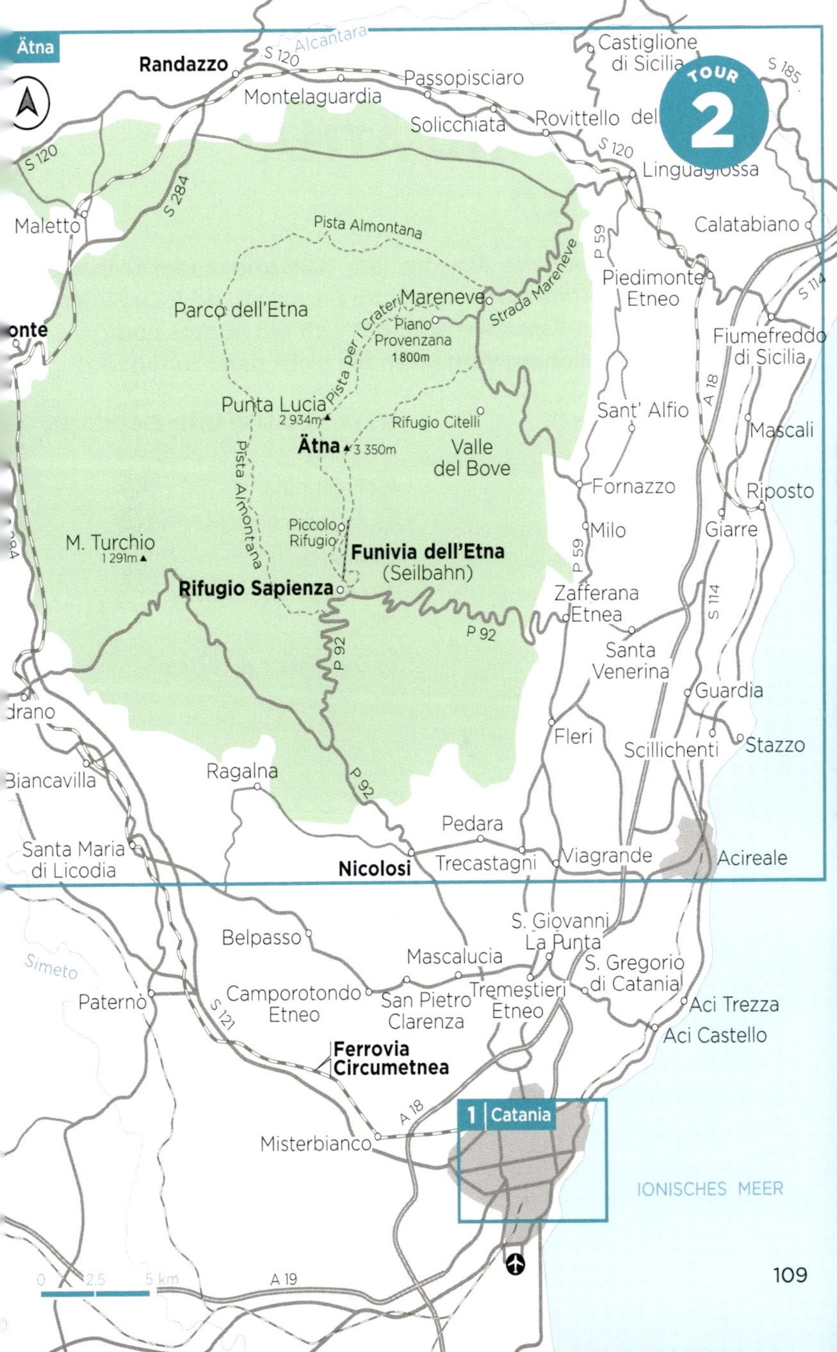
Ätna
Randazzo
Alcantara
S 120
Castiglione
di Sicilia
TOUR
2
S 185
Passopisciaro
Montelaguardia
Solicchiata
Rovittello del
S 120
Linguaglossa
S 120
S 284
Maletto
Calatabiano
Pista Almontana
P 59
Piedimonte
Etneo
Strada Mareneve
Mareneve
Pista per i Crateri
Piano
Provenzana
1800m
Parco dell'Etna
S 114
Fiumefreddo
di Sicilia
A 18
Punta Lucia
2 934m
Rifugio Citelli
Sant' Alfio
Mascali
Ätna
3 350m
Valle
del Bove
Pista Almontana
Fornazzo
Riposto
Piccolo
Rifugio
Milo
Giarre
M. Turchio
1 291m
Funivia dell'Etna
(Seilbahn)
P 59
Rifugio Sapienza
Zafferana
Etnea
S 114
P 92
P 92
Santa
Venerina
Guardia
Fleri
Scillichenti
Stazzo
Biancavilla
Ragalna
P 92
Pedara
Santa Maria
di Licodia
Nicolosi
Trecastagni
Viagrande
Acireale
S. Giovanni
La Punta
Belpasso
Mascalucia
S. Gregorio
di Catania
Simeto
Paternò
Camporotondo
Etneo
San Pietro
Clarenza
Tremestieri
Etneo
Aci Trezza
S 121
Aci Castello
Ferrovia
Circumetnea
A 18
1 Catania
Misterbianco
IONISCHES MEER
0
2,5
5 km
A 19

CATANIA UND ÄTNA

1 CATANIA

Nach einem Ausbruch des Ätna im Jahr 1669 und einem Erdbeben 1693 erfindet sich Catania im 18. Jh. im Barockstil neu. Zu Füßen der reich verzierten Fassaden entfaltet sich ein buntes und dynamisches Stadtleben. Verpassen Sie nicht den Fischmarkt!

HIGHLIGHTS

- A Piazza del Duomo
- B Duomo
- C Fischmarkt
- D Palazzo Biscari
- E Teatro Romano
- F Via Crociferi
- G Monastero dei Benedettini
- H Castello Ursino
- I Via Etnea
- J Streaty

MITTAGSPAUSE UND EISDIELEN

- 1 Prestipino
- 2 Scirocco Sicilian Fish Lab
- 3 Buatta
- 4 I Dolci di Nonna Vincenza
- 5 Savia
- 6 Don Gelato & Coffee

RESTAURANTS

- 7 Trattoria Saltimbocca
- 8 Trattoria da Antonio
- 9 Sicilia in Bocca
- 10 Al Gabbiano 2
- 11 Il Sale Art Cafè
- 12 Me Cumpari Turiddu
- 13 La Pizzoleria
- 14 Nievski

AUSGEHEN

- 15 First
- 16 Vermut
- 17 Mosaik
- 18 Teatro Bellini

TOUR
2

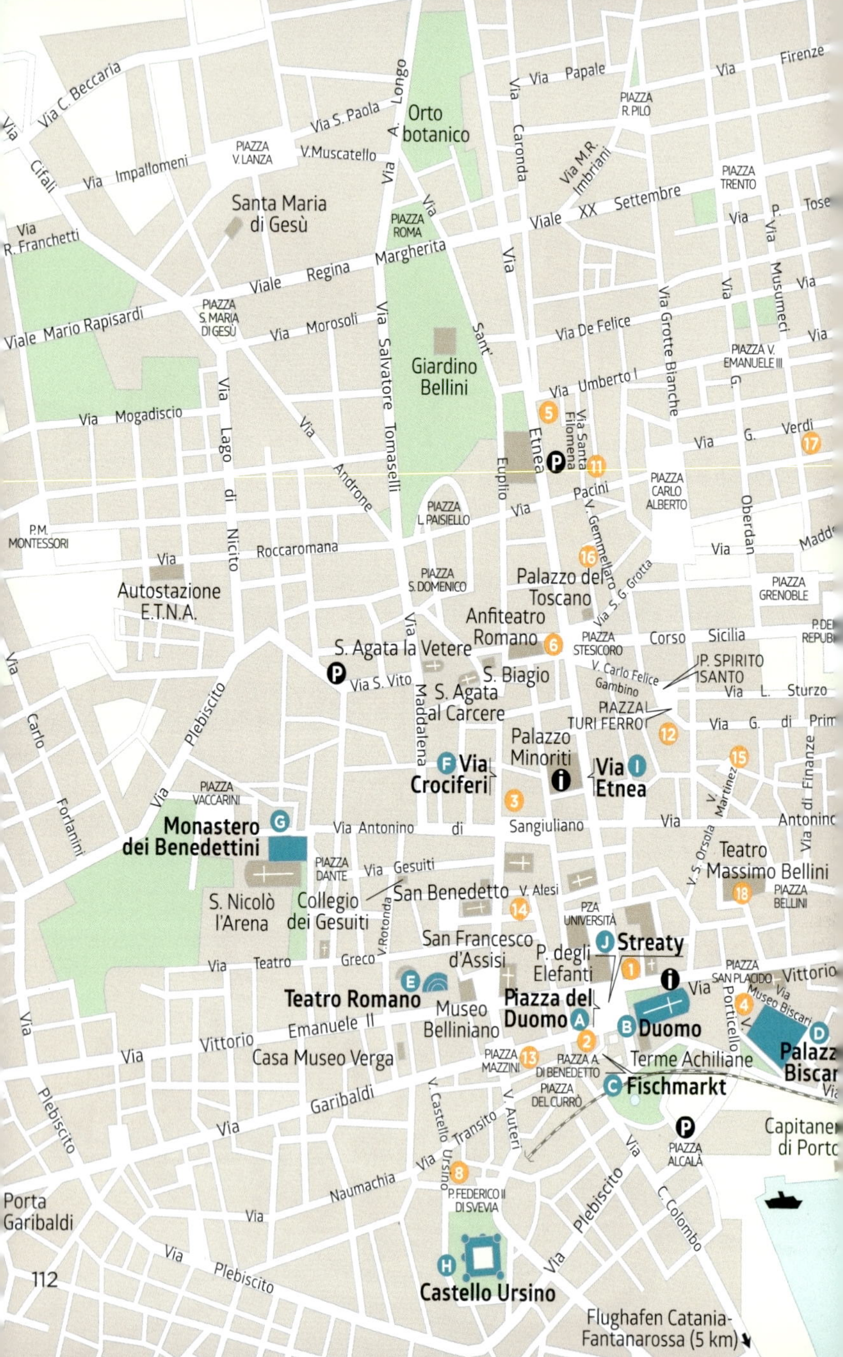

Via C. Beccaria
Via Cifali
Via S. Paola
Via A. Longo
Orto botanico
Via Papale
Via Caronda
PIAZZA R. PILO
Via Firenze
PIAZZA V. LANZA
V. Muscatello
Via Impallomeni
Via M.R. Imbriani
PIAZZA TRENTO
Santa Maria di Gesù
PIAZZA ROMA
Viale XX Settembre
Via P. Toselli
Via R. Franchetti
Viale Regina Margherita
Via Grotte Bianche
Via Musumeci
PIAZZA S. MARIA DI GESÙ
Viale Mario Rapisardi
Via Morosoli
Via Salvatore Tomaselli
Via Sant' Euplio
Via De Felice
Giardino Bellini
PIAZZA V. EMANUELE III
Via Umberto I
Via Lago di Nicito
Via Mogadiscio
Via Androne
Via Santa Filomena
Via Etnea
Via G. Verdi
PIAZZA CARLO ALBERTO
Via Pacini
V. Gemmellaro
Via Oberdan
PIAZZA L. PAISIELLO
P.M. MONTESSORI
Via Roccaromana
Via Maddem
PIAZZA S. DOMENICO
Palazzo del Toscano
Autostazione E.T.N.A.
Anfiteatro Romano
Via S. G. Grotta
PIAZZA GRENOBLE
PIAZZA STESICORO
Corso Sicilia
P. DELLA REPUBBLICA
S. Agata la Vetere
Via S. Vito
S. Biagio
V. Carlo Felice Gambino
P. SPIRITO SANTO
Via L. Sturzo
Via Maddalena
S. Agata al Carcere
PIAZZA TURI FERRO
Via G. di Prima
Via Plebiscito
Via Carlo Fortanini
Palazzo Minoriti
Via Crociferi
Via Etnea
V. Martinez
Via di Finanze
PIAZZA VACCARINI
Monastero dei Benedettini
Via Antonino di Sangiuliano
V. S. Orsola
Teatro Massimo Bellini
PIAZZA DANTE
Via Gesuiti
San Benedetto
V. Alesi
PIAZZA BELLINI
S. Nicolò l'Arena
Collegio dei Gesuiti
V. Rotonda
PZA UNIVERSITÀ
Streaty
San Francesco d'Assisi
P. degli Elefanti
Via Teatro Greco
PIAZZA SAN PLACIDO
Via Vittorio
Via Museo Biscari
Teatro Romano
Museo Belliniano
Piazza del Duomo
Duomo
V. Porticello
Palazzo Biscari
Via Vittorio Emanuele II
Casa Museo Verga
PIAZZA MAZZINI
PIAZZA A. DI BENEDETTO
Terme Achiliane
Fischmarkt
PIAZZA DEL CURRÒ
Via Garibaldi
V. Castello Ursino
Via Transito
V. Auteri
Capitaneria di Porto
PIAZZA ALCALÀ
Via Plebiscito
Via Naumachia
P. FEDERICO II DI SVEVIA
C. Colombo
Porta Garibaldi
Castello Ursino
Flughafen Catania-Fantanarossa (5 km)

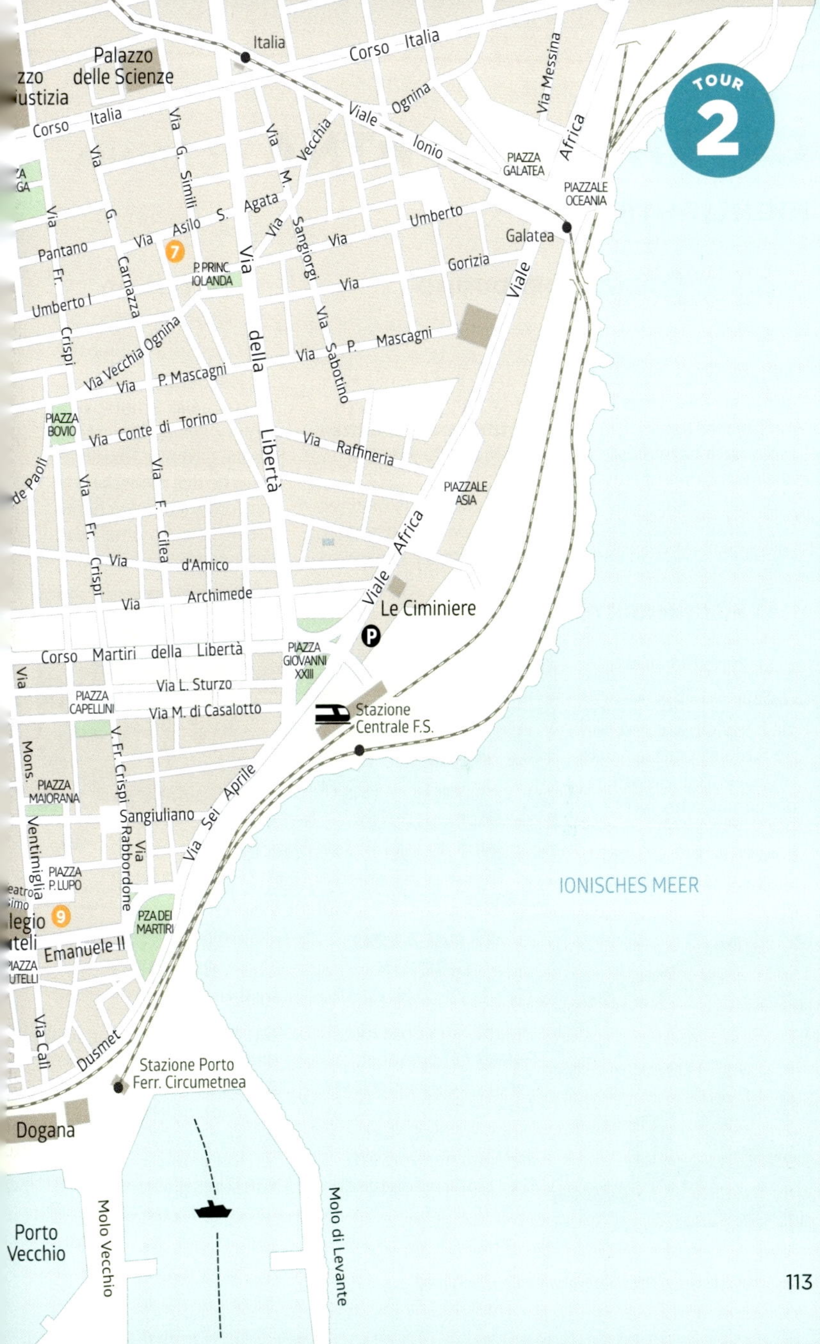
TOUR 2
Palazzo delle Scienze
Corso Italia
Viale Ognina
Viale Ionio
Via Messina
Viale Africa
PIAZZA GALATEA
PIAZZALE OCEANIA
Via Vecchia
Via M. Sangiorgi
Via S. Agata
Via G. Simili
Via Asilo
Via G. Carnazza
Via Pantano
Via Fr. Crispi
Via Umberto I
Via Galatea
Via Gorizia
P. PRINC. IOLANDA
Via della Libertà
Via Sabotino
Via P. Mascagni
Via Vecchia Ognina
PIAZZA BOVIO
Via Conte di Torino
Via Raffineria
Via F. Cilea
PIAZZALE ASIA
Via d'Amico
Via Archimede
Le Ciminiere
Corso Martiri della Libertà
PIAZZA GIOVANNI XXIII
Via L. Sturzo
Via M. di Casalotto
PIAZZA CAPELLINI
Stazione Centrale F.S.
Via Sei Aprile
Mons. Ventimiglia
PIAZZA MAJORANA
V. Fr. Crispi
Via Rabbordone
Sangiuliano
PIAZZA P. LUPO
PZA DEI MARTIRI
Emanuele II
Via Calì
Dusmet
Stazione Porto Ferr. Circumetnea
Dogana
Porto Vecchio
Molo Vecchio
Molo di Levante
IONISCHES MEER

CATANIA UND ÄTNA 1 CATANIA

HIGHLIGHTS

 PIAZZA DEL DUOMO

Als politisches und religiöses Zentrum von Catania ist dieser große verkehrsberuhigte Platz am späten Nachmittag sehr belebt. Um die **Skulptur eines Elefanten** reihen sich harmonisch die Fassaden der Paläste, die alle nach dem Erdbeben von 1693 im barocken Stil neu errichtet wurden – viele unter der Aufsicht des Architekten Giovanni Vaccarini. Achten Sie auf das Wechselspiel zwischen Lavastein und dem helleren Stein von Syrakus.

 DUOMO

Piazza del Duomo | Eintritt frei

Die **Kathedrale** ist Agatha, Catanias Schutzpatronin, geweiht. Beachten Sie die gewellte Fassade, ein Erbe des römischen Barocks. Im Inneren befindet sich das Grabmal des Komponisten Bellini.

 FISCHMARKT

Piazza del Cuorò | Mo–Sa morgens

Unweit des Doms findet die berühmteste *pescheria* Siziliens statt, ein wahres Spektakel! Zwischen den Ständen herrscht ein reges Treiben, die Fischer buhlen um Kunden. Vorsicht vor Taschendieben!

D PALAZZO BISCARI

Via M. Biscari 16 | Eintritt

Ein prächtiger barocker **Palast** mit Ehrenhof, Salons, Ballsaal, Terrasse. Alles ist mit Stuck, Skulpturen, Fresken, Marmor und Intarsien verziert. 1787 stattete Goethe dem Palazzo einen Besuch ab.

E TEATRO ROMANO

Via V. Emanuele II 266 | Eintritt

Das **Theater** ist nicht auf den ersten Blick zu sehen, da das Gelände seit dem Mittelalter dicht bebaut ist. Beachten Sie die unteren Ränge aus weißem Kalkstein, die Honoratioren vorbehalten waren.

 Die jeweiligen Öffnungszeiten finden Sie im Register ab S. 180.

Ⓕ VIA CROCIFERI

San Benedetto Eintritt

Die Via Crociferi war einst eine Römerstraße, heute reihen sich hier Kirchen und Klöster mit barocken Fassaden aneinander. **San Francesco d'Assisi** beherbergt riesige Kandelaber aus vergoldetem Holz, die für die Prozessionen der hl. Agatha verwendet werden. **San Benedetto** bezaubert mit seiner Engelstreppe *(Scalinata degli Angeli)*, die den Besucher in den Innenraum führt, der reich mit Marmor, Fresken, Stuck und Gold verziert ist.

Ⓖ MONASTERO DEI BENEDETTINI

Piazza Dante | Eintritt

Im zweitgrößten **Kloster** Europas (nach Mafra in Portugal) ist heute ein Teil der Universität untergebracht. Es punktet mit seiner Barockfassade, Kreuzgängen, Gärten und der prächtigen Bibliothek.

Ⓗ CASTELLO URSINO

Piazza F. II di Svevia | Eintritt

Das **Kastell** wurde im 13. Jh. erbaut und stand vor dem Lavastrom von 1669 direkt am Meer. Es beherbergt eine archäologische Sammlung sowie Kunstwerke von der Antike bis zur Gegenwart.

Ⓘ VIA ETNEA

Die 3 km lange Straße wurde nach dem Erdbeben von 1693 angelegt. Sie ist auf den Ätna ausgerichtet – und breit, um im Fall eines Ausbruchs eine schnelle Flucht zu ermöglichen. Gehen Sie nach Norden und machen Sie eine Pause auf der **Piazza Stesicoro**, um die Überreste eines römischen Amphitheaters, mehrere Kirchen und Paläste zu bestaunen. Weiter oben auf dem Hügel befindet sich der **Giardino Bellini** mit schöner Aussicht.

Ⓙ STREATY

Streetfood-Führung | www.streaty.com

»Die Teilnahme an einer Führung zu den Highlights der Straßengastronomie von Catania ist für mich immer wieder ein sehr schönes Erlebnis.«

Start an der Piazza del Duomo

CATANIA UND ÄTNA 1 CATANIA

MITTAGSPAUSE UND EISDIELEN

1 PRESTIPINO

• Für eine süße oder salzige Schlemmerpause zum Frühstück, als Snack zwischendurch oder zum Aperitif am frühen Abend.
• Probieren Sie die *arancini* und die Brioches.

Via Etnea 30–32 | tgl. 7–24 Uhr

2 SCIROCCO SICILIAN FISH LAB

»Fisch, der vor Ort gebraten und in Tüten zum Mitnehmen verkauft wird: Das ist sizilianisches Streetfood, wie ich es liebe!«

Piazza Alonzo di Benedetto 7 | tgl. 10.30–23 Uhr

3 BUATTA

• Junges Ambiente, viel Design, gutes Craftbier und eine Terrasse.
• Die *cunzattizi* (belegte Grießbrote) sollten Sie unbedingt testen.

Via Crociferi 42 | Di–So 12.30–15, tgl. 19.30–24 Uhr

4 I DOLCI DI NONNA VINCENZA

• Kleines Konditoreicafé mit schöner Terrasse.
• Hoch gelobte *cannoli*, Eis und *granite* zum Niederknien in einer Kulisse wie aus alten Zeiten.

Piazza San Placido 7 | Mo–Sa 8–20, So 9–13.30 Uhr

5 SAVIA

• Diese Konditorei sollten Sie keinesfalls verpassen! Genießen Sie die *cannoli* und das leckere Eis.
• Terrasse mit Blick auf den Giardino Bellini.

Via Etnea 302–304 | Di–So 7.45–21.20 Uhr

6 DON GELATO & COFFEE

• Ausgezeichnetes Eis auf einem gemütlichen Platz.
• Kosten Sie die Eiscreme in einer Brioche *(brioscia con gelato)*, sehr typisch!

Piazza Stesicoro 10 | Mo–Mi, Sa 7.30–24, Do bis 2, Fr bis 3.30, So 8.30–24 Uhr

CATANIA UND ÄTNA

RESTAURANTS

7 TRATTORIA SALTIMBOCCA

• Gelungene traditionelle Küche auf der Basis von frischen Zutaten.
• Besonders das *risotto di mare* (mit Meeresfrüchten) sei Ihnen ans Herz gelegt.
Via Asilo Sant'Agata 24 | Do–Di 12.30–15.30, 19.30–24 Uhr

8 TRATTORIA DA ANTONIO

• Hausmannskost, darunter köstliche Spaghetti mit Venusmuscheln. Gute Vorspeisen, faire Preise.
• Schöne, von viel Grün umgebene Terrasse.
Via Castello Ursino 59 | tgl. 12–15, Di–So 16–23.30 Uhr

9 SICILIA IN BOCCA

• Die Catanesen kennen alle dieses erstklassige Restaurant.
• Originelle Karte: Ravioli mit Zackenbarsch, Spaghetti mit Seeigeln etc.
Piazza Pietro Lupo 16–18 | Mo–Sa 19–24, So 12–15 Uhr

10 AL GABBIANO 2

• Fisch und Meeresfrüchte – hervorragend zubereitet. Eine ehrliche, authentische Küche.
• Reichliche Portionen, freundlicher Empfang.
Piazza Giovanni Verga 4 | Di–So 12–15, 19.30–23.30 Uhr

11 IL SALE ART CAFÉ

• Hausgemachtes Brot, köstliche Fischgerichte und gute Pizzas.
• Ganz besonders zu empfehlen: die Tagliatelle mit Schwertfisch!
Via Santa Filomena 10–12 | tgl. 19.30–24 Uhr

12 ME CUMPARI TURIDDU

»Traditionelle Spezialitäten, zubereitet mit einem besonderen Sinn für Details und Qualität. Köstliche *spaghetti alla turiddu* (Tomaten und Oregano).«
Piazza Turi Ferro | tgl. 11.30–1 Uhr

13 LA PIZZOLERIA

• Eine eher untypische Spezialität sind *pizzoli*: eine Mischung aus Pizza, Quiche und Bruschetta.
• Die Terrasse geht auf einen schönen Platz hinaus.
Piazza Mazzini 1 | Di–So 12–24 Uhr

14 NIEVSKI

»Ich liebe die Terrasse an einer Treppe und die originellen Innenräume – und bin ein Fan der *spaghetti alla siciliana* (Kirschtomaten, Mandeln, Basilikum).«
Via Alessi 15–17 | Di–So 17.30–1 Uhr

CATANIA UND ÄTNA 1 CATANIA

AUSGEHEN

CATANIAS KIOSKE

Ein Ritual an Sommerabenden ist es, sich an einem der vielen Kioske mit einem Fruchtcocktail oder einem *seltz e limone* zu erfrischen: einem Mix aus Sprudelwasser, Zitrone und Salz.

15 FIRST

- An einer kleine Piazza lockt dieses Lokal mit seiner schönen Terrasse.
- Wein-, Bier- und Cocktailbar, kleine Pizzas und diverse Sandwiches.

Via Martinez 13 | Di–So 18–1 Uhr

16 VERMUT

- Winzige Bar, in der man Wermut und sizilianische Weine trinken kann.
- Dazu gibt's einige kleine Gerichte sowie Bretter mit Wurst und Käse.

Via Gemmellaro 37–39 | tgl. 11–2 Uhr

17 MOSAIK

- Gemütliche Bierbar.
- Für alle, die gerne kleine, handgemachte *piadine* (dünne gefüllte Fladenbrote) aus der ganzen Welt probieren.

Via Musumeci 60 | tgl. 18–1 Uhr

18 TEATRO BELLINI

- Das prächtige Theater ist dem Komponisten Vincenzo Bellini gewidmet.
- Hervorragende Akustik, viel Samt und Gold.

Piazza Bellini | www.teatromassimobellini.it | Führungen Di–Sa 10–13 Uhr (Bild rechts)

TOUR 2

CATANIA UND ÄTNA

2 DER ÄTNA

Besuchen Sie diesen berühmten Vulkan, setzen Sie sich mit den Fumarolen auf seinem Gipfel auseinander oder umrunden Sie ihn, um seine bewohnten Hänge an Bord der Schmalspurbahn Circumetnea von allen Seiten zu sehen.

- **Achtung: Jeder Ausflug über 2900 m ist ohne offiziellen Führer verboten. Die Guides kennen die Aktivität des Vulkans und die Risiken, und Sie sollten sich unbedingt an deren Empfehlungen halten. So kann etwa an den Hängen des Ätna plötzlich Nebel aufziehen und die Sicht erheblich einschränken.**
- **Beachten Sie die praktischen Hinweise auf der folgenden Doppelseite.**
- **Die beste Jahreszeit, um den Gipfel zu besteigen, ist der Sommer. Im Winter sind die Hänge mit Schnee bedeckt, sodass auch geführte Skitouren möglich sind.**

AUFSTIEG

Wir schlagen Ihnen zwei Möglichkeiten vor, den Ätna zu erkunden:

A **Die klassische Route:** der Aufstieg über den Südhang

B **Die Schmalspurbahn Circumetnea:** ein Tagestrip rund um den Ätna

TOUR 2
Randazzo
Alcantara
S 120
Montelaguardia
Passopisciaro
Solicchiata
Rovittello
Castiglione di Sicilia
S 185
S 120
Linguaglossa
S 120
S 284
Maletto
Calatabiano
Pista Almontana
P 59
Piedimonte Etneo
Strada Mareneve
Mareneve
S 114
Parco dell'Etna
Pista per i Crateri
Piano Provenzana 1 800m
Fiumefreddo di Sicilia
A 18
Punta Lucia 2 934m
Rifugio Citelli
Sant'Alfio
Mascali
Ätna 3 350m
Valle del Bove
Pista Almontana
Fornazzo
Riposto
Piccolo Rifugio
Milo
Giarre
M. Turchio 1 291m
Funivia dell'Etna (Seilbahn)
P 59
Rifugio Sapienza
A
Zafferana Etnea
S 114
P 92
P 92
Santa Venerina
Guardia
Fleri
Scillichenti
Stazzo
Ragalna
P 92
Pedara
Santa Maria di Licodia
Nicolosi
Trecastagni
Viagrande
Acireale
S. Giovanni La Punta
Belpasso
Mascalucia
S. Gregorio di Catania
Simeto
Camporotondo Etneo
San Pietro Clarenza
Tremestieri Etneo
Paternò
S 121
Aci Trezza
Aci Castello
B Ferrovia Circumetnea
Cannizzaro
A 18
Catania Borgo
Misterbianco
Catania
IONISCHES MEER
0 2,5 5 km
A 19

CATANIA UND ÄTNA SEHENSWERTES

2 DEN ÄTNA VON SÜDEN EROBERN

A DIE KLASSISCHE ROUTE: DER AUFSTIEG ÜBER DEN SÜDHANG

Mit Seilbahn und Allrad-Minibus

- Es ist nicht erlaubt, ohne Führer über 2900 m Höhe aufsteigen (manchmal auch weniger, je nach Wetterlage; erkundigen Sie sich bei der Tourist-Info oder Unterkunft).
- Denken Sie an gutes Schuhwerk, Windjacke, Fleece, Sonnencreme, Picknick und Bargeld (Zahlung mit Kreditkarte ist nicht immer möglich).
- Von Catania aus nehmen Sie entweder den AST-Bus um 8.15 Uhr (Piazza Giovani, nahe des Hauptbahnhofs, Stazione Catania Centrale, zusätzliche Abfahrten im Sommer; www.aziendasicilianatrasporti.it, Rubrik »Bus Catania-Etna«) oder das Auto, um über Nicolosi (34 km) zum **Rifugio Sapienza** zu gelangen.
- Vom Rifugio aus können Sie die Umgebung erkunden (kleine Krater) oder die **Funivia dell'Etna** (Seilbahn, www.funiviaetnea.com) nehmen, die Sie auf 2500 m Höhe bringt. Von dort kann man bis zur erlaubten Höhe aufsteigen (ca. 1,30 Std. Wanderung oder 4x4-Busse, die bis auf 2900 m fahren). Wer den Gipfel erreichen will, braucht eine Vulkanführer (nur möglich, wenn die klimatischen und geologischen Bedingungen es zulassen). Im Rifugio Sapienza werden Exkursionen angeboten (Seilbahn + Allradbus bis auf 2900 m oder zusätzlich Aufstieg bis zu den Gipfelkratern auf 3300 m). All-inclusive-Touren haben die Agenturen in Catania im Programm. Planen Sie 4–6 Stunden vor Ort ein. Der letzte Bus nach Catania fährt gegen 16.30 Uhr vom Rifugio Sapienza ab.
- **Gruppo Guide Alpine Etna Sud:** Die Büros in Nicolosi (Piazza V. Emanuele 2) und im Rifugio Sapienza (Parkplatz an der Seilbahn) organisieren verschiedene Exkursionen (kurze Wanderungen, Aufstieg zu den Kratern etc.). www.etnaguide.eu

1 DOLCE VITA CAFÈ

Nicolosi

- Café und Konditorei auf dem Hauptplatz, wo man ein Sandwich, eine *granita*, eine *cannoli* mit Ricotta oder einen Aperitif bekommen kann.

Piazza V. Emanuele II 31 | tgl. 6–1, Nebensaison Mo geschl.

B DIE SCHMALSPURBAHN CIRCUMETNEA: EIN TAGESTRIP RUND UM DEN ÄTNA

- Steigen Sie in Catania in die Bahnlinie ein, die den Ätna umrundet: die **Ferrovia Circumetnea**. Auf 110 km verbindet sie 35 Dörfer, die an den Hängen des Vulkans liegen, miteinander. www.circumetnea.it
- Vier bis acht Züge pro Tag (außer an Sonn- und Feiertagen). Abfahrt vom Bahnhof Catania-Borgo, 1,5 km vom Hauptbahnhof Catania-Centrale entfernt (Anfahrt mit Catanias U-Bahn, Haltestelle »Borgo«).
- Den majestätischen Kegel von »Mamma Etna« immer im Blick, fährt man durch Lavafelder, Zitrusplantagen und Orte wie **Bronte**, der sizilianischen Hauptstadt der Pistazie. In **Randazzo** *(Bild unten)* sollten Sie aussteigen, um eine Pause in dieser kleinen Stadt einzulegen, in der alles – vom Straßenpflaster bis zu den Häuserfronten und Kirchen – aus Lavastein gebaut ist.
- Von Catania bis Riposto, der Endstation, muss man mit einer Fahrzeit zwischen 3.30 und 5 Stunden rechnen. Um die lange Rückfahrt zu vermeiden, bietet es sich an, mit einem anderen Zug nach Catania zurückzukehren. Steigen Sie an der vorletzten Station **Giarre** aus und gehen Sie 5 Minuten bis zum Bahnhof Giarre-Riposto.

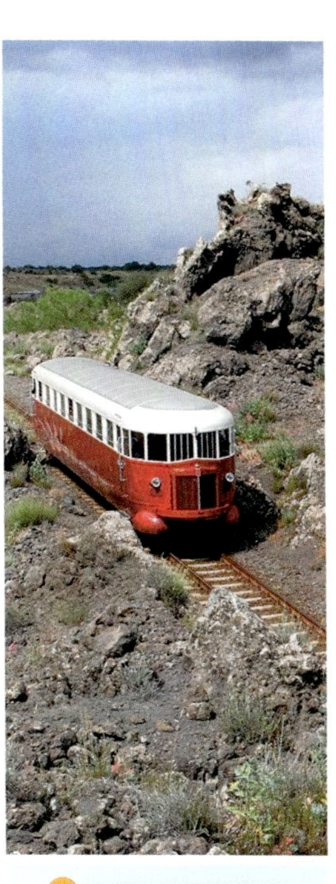

2 SAN GIORGIO E IL DRAGO

Randazzo

- Gute Adresse mit einer großartigen Weinkarte.
- Testen Sie das traditionelle Gericht *coniglio con capperi* (Kaninchen mit Kapern, Tomaten, Oliven).

Piazza San Giorgio 28 | Mi–Mo 12.30–14.30, 19–22.30 Uhr

DIE NORDFLANKE DES ÄTNA

DÖRFER UND WANDERWEGE AM RAND DES VULKANS

- **Nur mit dem Auto zu erreichen. Der Norden des Ätna ist weniger überlaufen als die Südseite und bietet eine größere landschaftliche Vielfalt.**
- **Wer Wanderungen plant (Valle del Bove oder zu den Sartorius-Bergen), sollte sich vorab bei den ProLoco-Büros (Tourist-Infos) der jeweiligen Orte bzw. unter www.guidetnanord.com informieren.**

ZAFFERANA ETNEA

In Siziliens Hauptstadt der Imker können Sie Ihr Picknick für die Wanderung kaufen und den berühmten köstlichen Orangenhonig vom Ätna probieren. Sehenswert ist die imposante Barockkirche.

WANDERUNG IN DER VALLE DEL BOVE

Start: Zafferana Etnea | ProLoco, Via Garibaldi 315

Besuchen Sie die Tourist-Info für weitere Auskünfte. Nehmen Sie dann die Abzweigung in Richtung Rifugio Sapienza zum Monte Pomiciaro. Nach einer kurzen Wanderung zum **Monte Zoccolaro** (45 Min., leicht, aber Vorsicht mit Kindern) überblicken Sie eine riesige Caldera (vulkanischer Krater). Sie ist von Lavaströmen verschiedener Epochen und unterschiedlicher Farbe überzogen, mit Grün bedeckt und wird von Lavafelsen überragt.

PIANO PROVENZANA UND MARENEVE

Von Piano Provenzana schlängelt sich eine Straße namens »Mareneve« durch den Wald. Die Stadt Mareneve stellt eine berühmte Wurst her und bietet die Gelegenheit für einen Zwischenstopp.

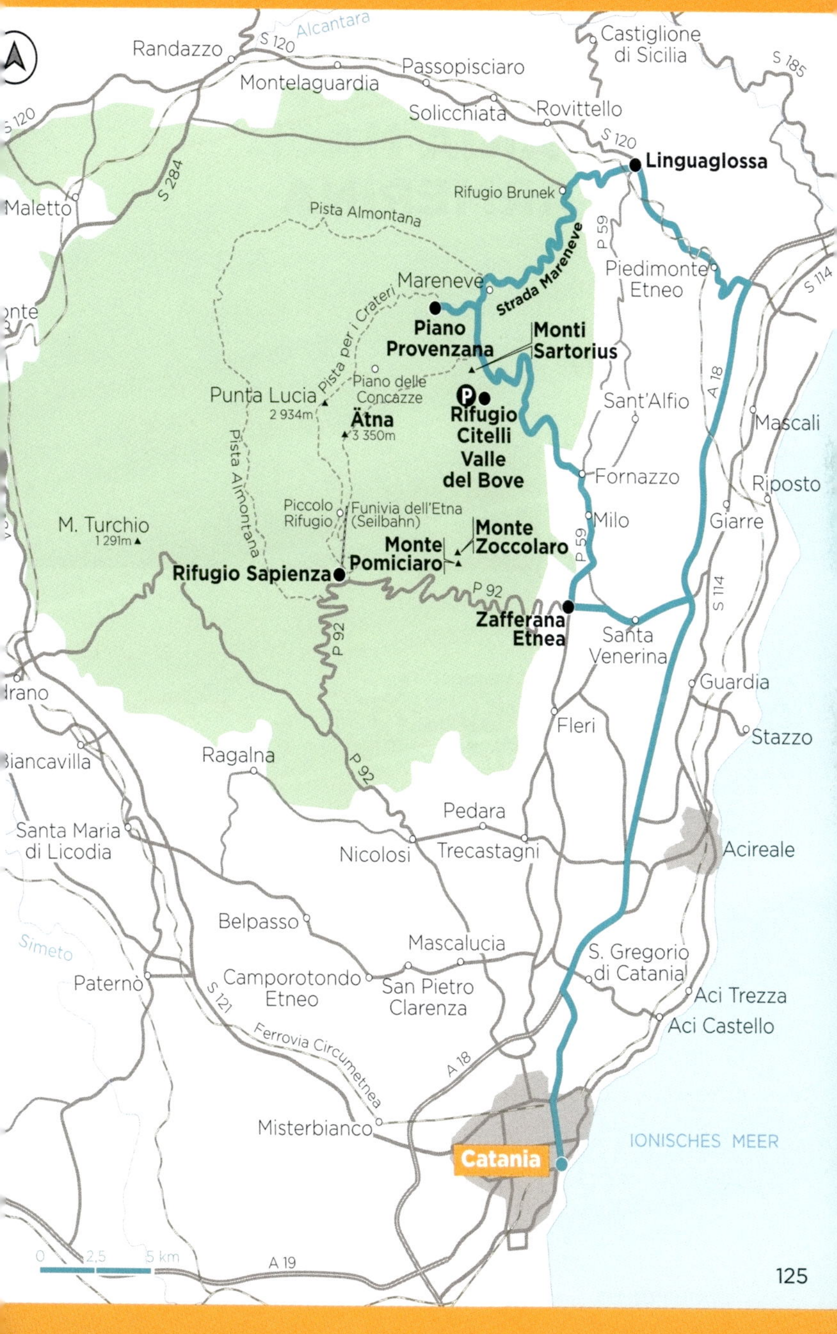

Alcantara
Randazzo
S 120
Castiglione di Sicilia
S 185
Passopisciaro
Montelaguardia
Solicchiata
Rovittello
S 120
Linguaglossa
S 284
Maletto
Rifugio Brunek
Pista Almontana
P 59
Strada Mareneve
Mareneve
Piedimonte Etneo
S 114
Pista per i Crateri
Piano Provenzana
Monti Sartorius
A 18
Piano delle Concazze
Punta Lucia
2 934m
Sant'Alfio
Ätna
3 350m
Rifugio Citelli
Mascali
Valle del Bove
Fornazzo
Riposto
Pista Almontana
Piccolo Rifugio
Funivia dell'Etna (Seilbahn)
Milo
Giarre
M. Turchio
1 291m
Monte Zoccolaro
Monte Pomiciaro
P 59
Rifugio Sapienza
P 92
S 114
Zafferana Etnea
Santa Venerina
P 92
Guardia
Fleri
Stazzo
Biancavilla
Ragalna
P 92
Pedara
Santa Maria di Licodia
Nicolosi
Trecastagni
Acireale
Belpasso
Mascalucia
Simeto
S. Gregorio di Catania
Paternò
Camporotondo Etneo
San Pietro Clarenza
Aci Trezza
S 121
Aci Castello
Ferrovia Circumetnea
A 18
Misterbianco
IONISCHES MEER
Catania
0
2,5
5 km
A 19

VON CATANIA NACH PIAZZA ARMERINA

- **Auto: 150 km (2.30 Std. reine Fahrzeit)**
- **Direktbus: 1.45 Std. www.interbus.it**
- **Weitere Informationen zu Enna S. 92**

Calascibetta
Enna
A19
121
640
192
S. Cataldo
Caltanissetta
122
640
Valguarnera Caropepe
Raddusa
117b
Morgantina
Aidone
Pietraperzía
Salso
Barrafranca
626
Piazza Armerina
Villa Romana del Casale
190
Mazzarino
644
190
191
417
Caltagirone
0 5 10 km

CALASCIBETTA

(Bild)

Ein Städtchen, das zweifellos zu den fotogensten der Insel gehört. Es liegt auf einem Felssporn und bietet ein Gewirr von Gassen, zwei Kirchen und eine herrliche Aussicht auf die gebirgige Umgebung.

ENNA

Enna liegt im geografischen Herzen Siziliens, auf einer Höhe von 950 m über dem Meer, mit Blick auf eine hügelige Landschaft. Von der Torre delle Aquile (Adlerturm) kann man bis zum Ätna blicken.

TRATTORIA LA RUSTICA

Enna

- Typische Familienküche aus Enna. Frische Produkte und *vino della casa* (Hauswein).
- Beliebtes Lokal, viel von Einheimischen besucht.

Via G. Castelferrato | tgl. 11.45–15, 19–24 Uhr

ETAPPE 2 PIAZZA ARMERINA UND VILLA ROMANA DEL CASALE

Vor allem die römische Villa mit ihren herrlichen Mosaiken aus dem 3. und 4. Jh. wird Sie nach Piazza Armerina locken. Aber nutzen Sie auch die Gelegenheit, durch diese hübsche mittelalterliche Stadt, die von fruchtbaren Tälern umgeben ist, zu schlendern.

- **Wir haben diese Etappe in zwei Abschnitte unterteilt: 1. die Stadt Piazza Armerina und 2. die Villa Romana del Casale**
- **Piazza Armerina kann zu Fuß besichtigt werden. Parkplätze auf der Piazza Europa (außer am Donnerstagmorgen, Markttag).**
- **Beliebtes Mittelalterfest am 12., 13. und 14. August *(Palio dei Normanni)***
- **Für Geschichtsinteressierte: Kombiticket Villa Romana del Casale + Morgantina + Aidone**
- **Die Villa Romana del Casale liegt 5 km südwestl. von Piazza Armerina. In der Hauptsaison verkehrt ein Bus zwischen Piazza Armerina und der Villa (www.savitautolinee.it)**

SEHENSWERTES

- A Duomo
- B Via Monte
- C Piazza Garibaldi
- D Aidone
- E Morgantina

ADRESSEN

1. Trattoria del Goloso
2. Al Teatro
3. Antica Pasticceria Consoli
4. Trattoria La Ruota
5. Agriturismo Salemi

TOUR 2
1 Piazza Armerina
D Aidone (10 km)
E Morgantina (15 km)
A Duomo
B Via Monte
C Piazza Garibaldi
Piazza Duomo
Palazzo Trigona
Palazzo di Città
San Rocco
Chiesa di Sant'Anna
S. Ignazio di Loyola
Chiesa dei Teatini
S. Stefano
Commenda dei Cavalieri di Malta
Teatro Garibaldi
S. Pietro
Villa Garibaldi
San Martino
Piazza Marescalchi
Piazza Giuliano
Piazza Europa
Piazza Gen. Cascino
Piazza Umberto I
Villa romana del Casale (5km)
(4 km)
(6 km)
100 m
V. S. Andrea
Via Papa Roncalli
Via Nino Bixio
V. G. D'Annunzio
Via Vittorio Veneto
Via Trento
Via Carmelo di Marco
Via Gustavo Roccella
Via F. Guccio
Via Mons. La Vaccara
Via Torquato Tasso
Via San Giorgio
Via Ammiraglio la Marca
Via Mons. Palermo
V. R. Roccella
Via Giacinto Lo Giudice
Via Chiaranda
Viale Generale Muscara
Viale Generale Ciancio
Via Villarosa
Via Castellina
Via Mazzini
Via del Teatro
Via Cavour
V. Sette Cantoni
Via Garibaldi
Via Umberto I
Via Bella
V. Emanuele
V. Floresta
Via Garao
V. Crescimanno
V. V. Emanuele
Vico S. Antonio
Via Roma
Via Monsignore Sturzo
Via Principato
Via Giacomo Matteotti
Via Salvatore
Salita Cappuccini
Viale della Libertà
Via Libero Grassi

PIAZZA ARMERINA SEHENSWERTES

1 PIAZZA ARMERINA

A DUOMO

Piazza Duomo | Eintritt frei

Die Kuppel überragt die mittelalterliche Stadt auf dem Hügel. Beachten Sie den **Campanile** mit Renaissancedekor und über dem Hauptaltar die Ikone der Jungfrau Maria, die tief verehrt wird.

B VIA MONTE

Diese **Straße** gliedert das alte normannische Viertel. Von der Kathedrale geht es stetig bergab. Die Via Crocifisso führt rechter Hand zu San Martino, der ältesten Kirche der Stadt (12. Jh.).

C PIAZZA GARIBALDI

Hier liegt seit alters her der Mittelpunkt von Piazza Armerina. Zu beiden Seiten der Via Cavour erheben sich der **Palazzo di Città** und die Kirche **San Rocco** mit ihren eleganten Barockfassaden.

D AIDONE

10 km nordöstl. von Piazza Armerina | Eintritt

Vor oder nach dem Besuch von Morgantina sollten Sie einen Blick ins **Archäologische Museum** werfen, das in einem Kloster aus dem 17. Jh. untergebracht ist und einige sehr schöne Statuen zeigt.

E MORGANTINA

15 km nordöstl. von Piazza Armerina | Eintritt (Bild)

Von der griechischen Stadt, die ihre Blüte im 5. und 3. Jh. v. Chr. erlebte, sind noch das **Theater** und die große **Agora** erhalten, das Zentrum einer Stadt mit einstmals 10 000 Einwohnern.

 Die jeweiligen Öffnungszeiten finden Sie im Register ab S. 180.

PIAZZA ARMERINA ADRESSEN

1 PIAZZA ARMERINA

1 TRATTORIA DEL GOLOSO

• Gute kleine Adresse für eine schmackhafte Hausmannskost, offene Küche.
• Eine besondere Empfehlung ist die Pasta mit Sardinen und Fenchel.
Via Garao 4 | tgl. 12–15, 18.30–21.45 Uhr

2 AL TEATRO

• Frische Pasta, gegrilltes Fleisch und Pizza (abends).
• Probieren Sie die traditionelle *pasta alla Norma* (Auberginen, Tomaten, Ricotta und Basilikum).
Via Teatro | tgl. 10–15, 17–24 Uhr, Winter Mi geschl.

3 ANT. PASTICCERIA CONSOLI

• Seit 1958 berühmt für seine appetitlichen, sehr vielgestaltigen Kuchen.
• Genießen Sie die *colombine* (Brioche mit Mandeln und kandierten Früchten).
Via Sette Cantoni 32 | tgl. 10–14, 16.30–20.30 Uhr

4 TRATTORIA LA RUOTA

• Etwas touristisch, aber praktisch, da gleich in der Nähe der Villa del Casale.
• Bestellen Sie die hausgemachten Nudelgerichte.
800 m vor der Villa von Piazza Armerina kommend | tgl. 12–15 Uhr, Winter kürzer

5 AGRITURISMO SALEMI

»Probieren Sie eine *caponata* auf dem Land, um die ganze Intensität der sizilianischen Küche zu verstehen.« *(Bild)*
Contrada Leano (6 km östl. von Piazza Armerina) | Di–So 20–23, Sa, So 12.30–15 Uhr

PIAZZA ARMERINA SEHENSWERTES

2 VILLA ROMANA DEL CASALE

- **5 km südwestl. von Piazza Armerina**
- **In der Saison fährt ein Bus von Piazza Armerina zur Villa: www.savitautolinee.it**
- **Kommen Sie möglichst am Morgen oder am Abend, um Andrang und Hitze zu umgehen.**

EINES DER GROSSEN HIGHLIGHTS SIZILIENS

Diese Villa mit 30 Zimmern wurde im 3. und 4. Jh. n. Chr. für eine Familie der römischen Senatsaristokratie erbaut. Die 3500 m² großen **Mosaike** gehören zu den schönsten ihrer Art, die noch an ihrem originalen Ort zu sehen sind. Sie wurden in den 1930er-Jahren entdeckt, ein Schlammstrom vom nahe gelegenen Berg Mangone hatte sie konserviert. Sie sind von Glasdächern geschützt, der Rundgang führt über Stege, die die Mosaiken überspannen.

THERMEN

Terme

Es gab mehr oder weniger warme Räume, die jeweils mit Wasserdampf versorgt wurden. Der Abkühlraum, das Frigidarium, sowie ein weiterer Raum sind noch mit Mosaiken verziert.

PERISTYL

Peristili

Vor dem Vestibül befindet sich ein Wandelgang, der die Bereiche der Villa gliedert: Auf dem Boden finden sich Medaillons, die Tierköpfe zeigen. Das Zentrum schmückte ein Garten und ein Springbrunnen.

KORRIDOR DER GROSSEN JAGD

Corridoio della Grande Caccia

Ein 65 m langer und 5 m breiter Korridor zeigt den Ablauf einer Großwildjagd in Afrika sowie die Überführung der Wildtiere – u. a. Löwen, Tiger, Elefanten und Gazellen – für die Zirkusspiele in Rom.

ZIMMER DER BIKINIMÄDCHEN

Sala delle Palestrite

Dieses Mosaik erlangte Berühmtheit. Die dargestellten Mädchen nehmen an einem sportlichen Wettkampf teil: Diskuswerfen, Hanteln heben, Wettrennen und die Verleihung des Siegeskranzes.

TRIKLINIUM

Ein luxuriöses Speisezimmer mit den *Zwölf Heldentaten des Herkules* in der Mitte. In der zentralen Nische ist der Kampf der Götter (mithilfe von Herkules) gegen die Giganten zu sehen.

PRIVATRÄUME

In den Cubiculae (Zimmern) der Kinder sind Vogelwagenrennen und Kinder als Jäger zu bestaunen. In den Räumen der Erwachsenen wartet eine erotische Szene auf die Besucher.

 Die jeweiligen Öffnungszeiten finden Sie im Register ab S. 180.

TOUR
2

VON PIAZZA ARMERINA NACH RAGUSA

- **Auto: 120 km (2.10 Std. reine Fahrzeit); kein Direktbus, umsteigen in Catania**
- **Planen Sie ½ Tag in Caltagirone ein, wo sich ein Besuch der Altstadtgassen und Museen lohnt.**

CALTAGIRONE

Die sizilianische Hauptstadt der Keramik – zu bewundern in tausend Details an den Fassaden, aber vor allem auf den 142 Stufen der beeindruckenden Treppe *(scalinata)*, die die Unter- und Oberstadt miteinander verbindet. Um mehr darüber zu erfahren, sollten Sie das einschlägige Museum besuchen. Caltagirone bietet auch eine gute Einführung in den Barock des Südostens und den Stile liberty, einer italienischen Interpretation des Jugendstils.

ANIMA E CORE

Caltagirone

- Terrasse auf einem hübschen Platz, liebenswürdiger Empfang.
- Einfache, herzhafte Küche, z. B. die hoch gelobte Pasta mit Sardinen.

Piazza Innocenzo Marcinò 15–16 | Mi–Mo 12–15, 19–23 Uhr

BAR JUDICA E TRIESTE

Caltagirone

- In den Vitrinen tummeln sich leckere *cannoli* (süße Rollen) und *cassata* (Osterkuchen mit Ricotta).
- Für einen Kaffee oder Drink zu jeder Tageszeit.

Via Principe Amedeo 22 | tgl. 7–24 Uhr

GIACOMO ALESSI

Caltagirone

- Showroom des berühmten Keramikkünstlers.
- »Teste di Moro« (»Maurenköpfe«), Teller, bemalte Fliesen, Vasen usw.

Corso Principe Amedeo di Savoia 9 | Di–So 9–13, 15–19 Uhr

CASTELLO DI DONNAFUGATA

Donnafugata | Eintritt

»Kostbare Momente im Schloss eines Barons mit mediterranem Garten und einem Labyrinth. Es handelt sich jedoch nicht um die Burg Donnafugata, die im Film *Der Leopard* beschrieben wird.«

TOUR 2
Maletto
Bronte
Troina
Nicosia
Parco regionale dell'Etna
Ätna
3 350 m
Fornazzo
Zafferana Etnea
Adrano
Leonforte
Nicolosi
Acireale
Catenanuova
Pergusa
Dittaino
Catania
Raddusa
Aidone
L. di Ogliasto
Villa romana Casale
Piazza Armerina
Gornalunga
IONISCHES MEER
Palagonía
Mazzarino
Caltagirone
Grammichele
Francofonte
Augusta
Vizzini
Sortino
Niscemi
Floridia
Syrakus
Giarratana
Acate
Comiso
Vittoria
Noto Antica
MITTELMEER
Ragusa
Noto
Avola
Scoglitti
Donnafugata
Castello di Donnafugata
Modica
Eloro
Irminio
Rosolini
Riserva naturale di Vendicari
Scicli
Ispica
Marina di Ragusa
Marzamemi
Pachino
Cava d'Aliga
5 10 km

ETAPPE 3 RAGUSA

- **Mehrere Parkplätze befinden sich auf dem Largo San Paolo, unterhalb der Piazza della Repubblica – direkt an der Grenze der beiden Stadthälften.**
- **Verbringen Sie unbedingt eine Nacht in Ragusa: Der Einbruch der Dunkelheit in Ibla ist märchenhaft!**

SEHENSWERTES

- A Museo Archeologico
- B Santa Maria delle Scale
- C Palazzo La Rocca
- D Duomo San Giorgio
- E Corso XXV Aprile
- F Giardino Ibleo

ADRESSEN

1. A Rusticana
2. Quattro Gatti
3. Salumeria Barocco
4. That's a moro
5. I Banchi
6. Loc. Don Serafino
7. Gelati Di'Vini

Ragusa, das aus zwei Hälften besteht und durch tiefe Schluchten von der umliegenden Landschaft getrennt ist, verzaubert mit seinen barocken Fassaden.

DIE ZWILLINGSSTÄDTE RAGUSA IBLA UND RAGUSA SUPERIORE

Nach dem verheerenden Erdbeben des Jahres 1693 waren sich die Einwohner nicht einig, wie die Stadt wieder aufgebaut werden soll. Der Adel vertrat die Absicht, sie an ihrem alten Standort in Ibla wieder zu errichten. Die Bourgeoisie hingegen wollte die Gelegenheit nutzen, um auf dem oberen Hügel eine »moderne« Stadt zu konzipieren. So entstanden zwei Zwillingsstädte, die beide vom Barock geprägt sind: **Ragusa Superiore** (oder Ragusa Nuova) mit seinen breiten, geraden Alleen, die von profanen und sakralen Bauwerken gesäumt werden, und **Ragusa Ibla**, das seinen mittelalterlichen gewundenen Verlauf beibehalten hat und im 18. Jh. mit Palästen und Kirchen neu bebaut wurde. Die beiden Städte wurden 1926 zu einer einzigen Gemeinde, **Ragusa**, zusammengeschlossen. Ein abendlicher Spaziergang ist eine gute Gelegenheit, um die urbane Verflechtung der beiden Stadtteile zu erkunden.

RAGUSA

SEHENSWERTES

A MUSEO ARCHEOLOGICO

Via Natalelli 7 | Eintritt frei

In Ragusa Superiore werden im archäologischen Museum wunderschöne Schätze aus der Region gezeigt, darunter das berühmte Relief des *Guerriero di Castiglione* aus der griechischen Zeit.

B SANTA MARIA DELLE SCALE

Corso Mazzini | Eintritt frei

Diese **Kirche**, die zu den ältesten der Stadt gehört, begleitet den Abstieg nach Ragusa Ibla über die *scalinata*: 250 Stufen, die sich zwischen Kirchen, Häusern und Palästen hindurchschlängeln.

C PALAZZO LA ROCCA

Via C. Bocchieri 33

Man kann den Bau zwar nicht besichtigen, aber man sollte vor den ausdrucksstarken Barockskulpturen verweilen, die die Balkone des Palazzo mit volkstümlichen Charakteren schmücken.

D DUOMO SAN GIORGIO

Piazza Duomo | Eintritt frei

Von Rosario Gagliardi, einem der größten Architekten seiner Zeit, im barocken Stil neu gestaltet. Beachten Sie die elegant geschwungene Fassade, die sich über der breiten Freitreppe erhebt.

E CORSO XXV APRILE

Er verbindet die Piazza Duomo mit der Piazza Pola und bildet das pulsierende Herz von Ibla. Hier kommt die architektonische Harmonie nach dem Wiederaufbau von Ragusa besonders zum Ausdruck.

F GIARDINO IBLEO

Eintritt frei

Ganz im Osten erstreckt sich dieser majestätische **Garten** wie ein Balkon über das Tal. Hier stehen drei Kirchen, darunter die **Chiesa dei Cappuccini** mit ihrem berühmten Triptychon von Pietro Novelli.

 Die jeweiligen Öffnungszeiten finden Sie im Register ab S. 180.

TOUR
2

RAGUSA

ADRESSEN

1 A RUSTICANA

• Sehr einladend, mit überdachter Terrasse.
• Hier genießt man leckere hausgemachte Ravioli oder gegrillten Fisch bzw. gegrilltes Fleisch.
Vico D. Morelli 4 | Mi–Mo 12.30–15, 19.30–23.30 Uhr

2 QUATTRO GATTI

• Schöne Terrasse mit Blick auf die Dächer.
• Einfache und gute Landküche. Probieren Sie z. B. die *ravioli al ragù*.
Via Valverde 95 | Sommer Mo–Sa abends, Winter Di–So abends, So auch mittags

3 SALUMERIA BAROCCO

• Im Sortiment sind Wurstwaren, Käse aus Sizilien und Weine.
• Zum Mitnehmen oder zum Verzehr vor Ort auf großen Tellern zum Teilen.
Corso XXV Aprile 80 | Mi–Mo 10.30–23 Uhr

4 THAT'S A MORO

»Das Lokal liegt an einem schattigen Platz, und ich bestelle hier gerne Pasta mit der sizilianischen Version von Pesto aus Ricotta und Mandeln.«
Largo Camerina 5 | Do–Di 12–15, 19–24 Uhr

5 I BANCHI

• Die zweite Adresse eines großen Gourmetkochs im Palazzo di Quattro. Schön und trendy.
• Restaurant, Bäckerei und Bar in einem Haus.
Via Orfanotrofio 39 | Fr–Mi 12.30–14.30, 20–22.30 Uhr

6 LOCANDA DON SERAFINO

• Gourmetküche in einem in den Fels gehauenen Saal. Guter Weinkeller.
• Die schwarzen Nudeln mit Ricotta, Seeigel und Tintenfisch sind exquisit.
Via G. Ottaviano 13 | Mi–Mo 12.45–14.30, 20–21.30 Uhr

7 GELATI DI'VINI

»Wenn ich Lust auf ein originelles Eis habe, vertraue ich auf diesen Eismacher, der z. B. Ricotta mit Olivenöl kombiniert, um einzigartige Geschmacksrichtungen zu kreieren.«
Piazza Duomo 20 | tgl. 10–1 Uhr

TOUR
2

VON RAGUSA NACH NOTO

- **Auto: 80 km (1.50 Std. reine Fahrzeit)**
- **Direktbus 2.15 Std. (AST)**
- **Busverbindungen: Ragusa-Modica, Modica-Ispica, Modica-Scicli, Modica-Noto**

MODICA

Die Bauwut nach dem Erdbeben 1693 hat auch hier die kleine Stadt am Hang eines Hügels erfasst. Der **Dom San Giorgio** zieht alle Blicke auf sich und hat eine der schönsten Barockfassaden Siziliens. Wie sein gleichnamiger Nachbar in Ragusa wurde er von Gagliardi entworfen und spielt mit den Proportionen. Modica ist auch für seine **Schokolade** berühmt: keine Butter, eine körnige Textur, ein intensiver Geschmack – probieren Sie es aus!

ANTICA DOLCERIA BONAJUTO

Modica

»Die Schokolade dieser Familie ist in ganz Italien bekannt, insbesondere die Gewürzschokolade sowie die Zitronenschokolade.«

Corso Umberto I 159 | tgl. 9–20.30 Uhr

LA LOCANDA DEL COLONNELLO

Modica

»Großartige Interpretation der sizilianischen Klassiker. Probieren Sie beispielsweise das Spanferkel mit Kartoffeln.«

Via Blandini 9 | Mi–Mo 12.30–14, 19.30–22 Uhr

SCICLI

Scicli ist eine weitere Barockstadt des Val di Noto. Rund um die bezaubernde **Piazza Italia** kann man einen schönen Bummel zwischen Kirchen und Palästen mit üppigem Dekor unternehmen.

PIZZERIA PURA FOLLIA

Scicli

- Erhöhte Terrasse an der Ecke eines netten Platzes.
- Große Auswahl an Pizzateig (z. B. glutenfrei).
- Testen Sie die »Maxi«-Pizza (mehrere Beläge).

Piazza Busacca | Di–So 19.30–24 Uhr

CAVA D'ISPICA

8 km östl. von Modica | Eintritt

Die Hänge der tiefen **Schlucht** werden seit der Jungsteinzeit von Menschen bewohnt. Auf einer Länge von 600 m entlang der Klippe befinden sich Höhlenwohnungen und riesige Katakomben.

 Die jeweiligen Öffnungszeiten finden Sie im Register ab S. 180.

TOUR
2
Lentini
Scórdia
A 18
Augusta
Francofonte
194
Sortino
Vizzini
114
29
Riserva naturale
Pantalica,
Valle dell'Anapo
Anapo
Castello
Euralio
Syrakus
Ferla
Cassaro
45
124
Floridia
124
Giarratana
Palazzolo
Acreide
287
194
115
Riserva naturale
Cavagrande
del Cassibile
Cassibile
Tellaro
Noto
Antica
Spiaggia
della Marchese
Ragusa
Noto
Avola
Modica
IONISCHES MEER
115
SP 32
115
Cava
d'Ispica
Lido di Noto
Eloro
SP 54
SP 34
Rosolini
A 18
Villa romana
del Tellaro
115
SP 27
SP 42
Riserva naturale
di Vendicari
Scicli
Ispica
Parco della
Forza
45
Marzamemi
84
Pachino
ampieri
Portopalo
di C. Passero
MITTELMEER
5
10 km

ETAPPE 4 NOTO

Noto wird oft als Hauptstadt des sizilianischen Barocks bezeichnet. Der Ort wurde im 18. Jh. komplett in honigfarbenem Kalkstein neu errichtet und besticht durch sein rechtwinkliges Straßenraster sowie seine harmonischen Proportionen.

- **Parkplätze im Osten des Zentrums, entlang des Viale Marconi und an der Porta Reale**
- **Tourist-Info: Corso Vittorio Emanuele II 135**

SEHENSWERTES

- A Piazza XVI Maggio
- B Palazzo Nicolaci di Villadorata
- C Piazza del Municipio
- D Chiesa di Santa Chiara

ADRESSEN

1. Mar Ricrìu
2. Pani Cunzatu
3. Trattoria del Carmine
4. Anche Gli Angeli
5. Caffè Sicilia
6. Crocifisso
7. Il Cantuccio

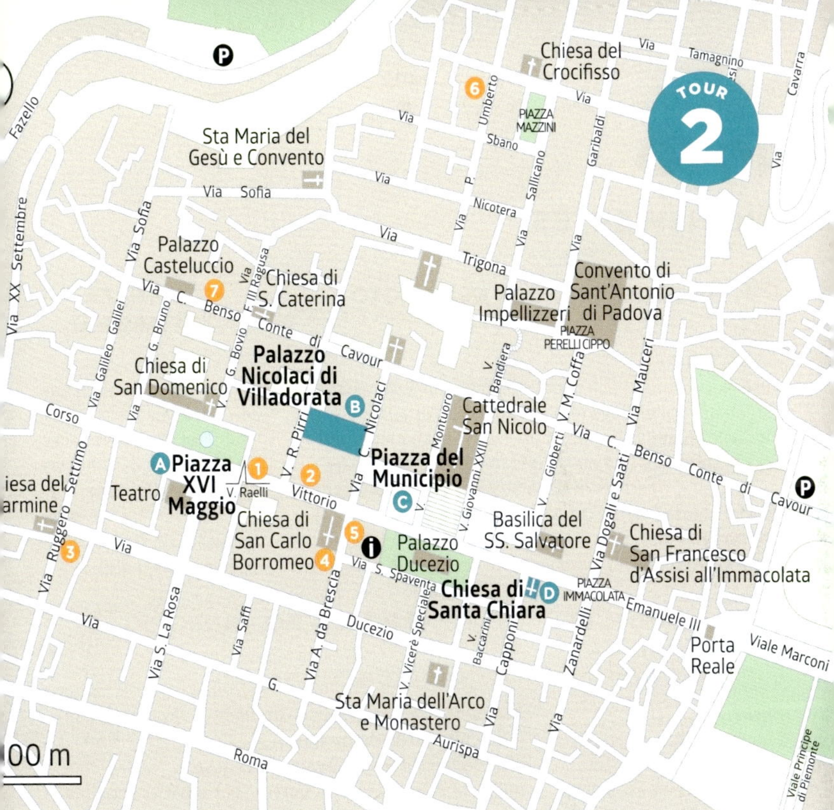

MEINE LIEBLINGSADRESSEN IN NOTO

NOTO

SEHENSWERTES

DAS ALTE UND DAS NEUE NOTO

Eine gänzlich neue Stadt des 18. Jhs.

Auch Noto wurde nach dem Erdbeben von 1693 wieder aufgebaut – allerdings etwa 15 km entfernt auf einem sonnigen Hügel. Die neue Stadt wurde nach modernen Gesichtspunkten und aus Gründen der Erdbebensicherheit mit einem rechtwinkligen Straßennetz entworfen. Der berühmte Architekt Gagliardi und sein Schüler Sinatra wurden damit beauftragt. Die Hauptstraße, die Via Vittorio Emanuele III, wird von großen Plätzen gesäumt.

A PIAZZA XVI MAGGIO

Mit dem **Brunnen** in der Mitte hat die Piazza viel Flair. Auf der einen Seite befindet sich das neoklassizistische **Theater**, auf der anderen die konvexe Fassade von **San Domenico** von Gagliardi.

B PALAZZO N. DI VILLADORATA

Via C. Nicolaci | Eintritt

Blicken Sie nach oben: Eine Vielzahl von grotesken Figuren und fantastischen Tieren bevölkert die Balkonkonsolen. So präsentierte sich eine der reichsten Familien von Noto der Außenwelt.

C PIAZZA DEL MUNICIPIO

Zweifellos der majestätischste Platz in Noto. Über der monumentalen Treppe thront die **Kathedrale San Nicolo** mit ihrer ausgewogenen Fassade. Nach mehrmaligem Einsturz ist das Innere sehr schlicht gehalten. Gegenüber erhebt sich der **Palazzo Ducezio** (Rathaus) mit seinem wellenförmigen Portikus. Besuchen Sie den Spiegelsaal *(Sala degli Specchi)* mit seiner fantastischen Trompe-l'œil-Decke. Weitere Paläste säumen den Platz.

D CHIESA DI SANTA CHIARA

C. V. Emanuele III | Eintritt frei

Im Inneren entfaltet sich die ganze barocke Dynamik, inspiriert vom großen Borromini in Rom: fein gearbeiteter Stuck, die Vergoldungen und Säulen, die elliptische Form des Kirchenschiffs ...

NOTO

ADRESSEN

1 MAR RICRÌU

- Immer wieder frisch und lecker: Fish & Chips!
- Calamari, *fritto misto*, Sardinen, Garnelen – zum Essen vor Ort oder zum Mitnehmen.

Via M. Raeli 21 | Sa mittags und Mi geschl.

2 PANI CUNZATU

- Ideal am Mittag für ein *panino* oder einen Salat.
- Oder genießen Sie am Abend eine der herzhaften sizilianischen Wurst- und Käseplatten.

Corso V. Emanuele 76 | tgl. 9–17 Uhr

3 TRATTORIA DEL CARMINE

- Institution seit 50 Jahren.
- Eher unscheinbar, aber mit üppiger Hausmannskost. Probieren Sie *tagliatelle alla capricciosa* (Tomaten, Basilikum, Oliven).

Via Ducezio 1 | Di–So 11–16, 19–24 Uhr

4 ANCHE GLI ANGELI

»Eine interessante Adresse: Lounge-Bar, Concept Store und Restaurant in einem. Ich mag besonders die Spaghetti mit Seeigel.«

Via Arnaldo da Brescia 2 | tgl. 10.30–15.30, 18.30–2 Uhr

5 CAFFÈ SICILIA

»Meine absolute Referenz für Gebäck: *granita*, *biancomangiare* (sizilianisches Weißbrot), Mandelmilch: alles verfeinerte Produkte auf höchstem Niveau!«

Corso V. Emanuele 125 | Di–So 8–21.30 Uhr

6 CROCIFISSO

- Ausgezeichnetes Essen mit Slow-Food-Charakter.
- Italienische Klassiker in neuem Gewand. Eine raffinierte und dennoch erschwingliche Küche.

Via P. Umberto 48 | Do–Di 12.30–14, 19.30–22 Uhr

7 IL CANTUCCIO

- Speisen Sie im Palast oder im romantischen grünen Garten.
- Gepflegte und delikate traditionelle Küche.

Via C. Benso Conte di Cavour 12 | Di–So 19.30–23, Sa, So auch 12.30–14.30 Uhr

VON NOTO NACH SYRAKUS

- **Auto: 80 km (1.30 Std. reine Fahrzeit)**
- **Direktbus (AST, 1 Std.)**
- **Kopfbedeckung und Wasser für das Vendicari-Reservat mitnehmen, es gibt kaum Schatten!**

RISERVA NATURALE DI VENDICARI

Mehrere Eingänge entlang der SP19 Noto–Pachino | Parkgebühr | www.vendicari.net

Dieser schmale, sumpfige Küstenstreifen beherbergt eine große Zahl von Zugvögeln und wartet mit einigen schönen Stränden und einer alten ***tonnara*** auf. Wanderwege (drei markierte Routen von ca. 5 km Länge) führen am Meer entlang, zwischen Teichen und Salzgärten. Die meisten Strände sind nach einem kurzen Spaziergang von einem der Eingänge aus zu erreichen. Wenn Sie viele Vögel sehen wollen, sollten Sie früh am Morgen kommen.

ZU FUSS IM NATURRESERVAT VENDICARI

»Entlang der Küstenpfade des Reservats können Sie Vögel beobachten, eine byzantinische Nekropole besuchen oder an meinem Lieblingsstrand, **Calamosche**, eine Badepause einlegen.«

MARZAMEMI

Dieses Fischerdorf, das sich um die einst bedeutende ***tonnara*** (Thunfischfabrik) herum entwickelte, ist heute ein kleiner, charmanter Badeort mit zwei großen Hafenbuchten.

LICCAMÙCIULA

Marzamemi

- Bar, Restaurant, Buchhandlung und ein gemütlicher Laden mit Krimskrams auf dem Dorfplatz.
- Zu einer süßen Sünde verführen die *cannoli*.

Piazza Regina Margherita | tgl. 10–24 Uhr

SPIAGGIA DELLA MARCHESE

Parkgebühr

Feiner weißer Sand, kristallklares, ruhiges Wasser, ein Pinienwald, der das Ufer säumt: Der Strand, der auch Spiaggia del Gelsomineto genannt wird, ist gewiss einer der schönsten Siziliens.

 Die jeweiligen Öffnungszeiten finden Sie im Register ab S. 180.

TOUR 2
Sortino
29
Riserva naturale
Pantalica,
Valle dell'Anapo
Anapo
114
Castello
Euralio
Syrakus
Ferla
Cassaro
45
124
Floridia
124
Palazzolo
Acreide
287
115
Riserva naturale
Cavagrande
del Cassibile
Cassibile
Noto
Antica
Spiaggia
della Marchese
Avola
Noto
Tellaro
ava
spica
IONISCHES MEER
Lido di Noto
Eloro
A 18
Rosolini
Villa romana
del Tellaro
Spiaggia di Calamosche
Riserva naturale
di Vendicari
Ispica
Parco della
Forza
45
Marzamemi
84
Pachino
Portopalo
di C. Passero
0
5
10 km

ETAPPE 5 SYRAKUS

UNTERWEGS IN SYRAKUS

- Achtung: Fast die gesamte Insel Ortygia ist als **ZTL** ausgewiesen.
- **Parken:** Lassen Sie Ihr Fahrzeug auf einem der folgenden kostenpflichtigen Parkplätze stehen:
  - Molo San Antonio (vor der Brücke nach Ortygia)
  - Riva Sauro bzw. Talete in Ortygia (Achtung: Anfahrt über die Umbertino-Brücke in der Verlängerung des Corso Umberto I, um die ZTL zu umgehen).
- **Bus:** Fährt zum Santuario della Madonna delle Lacrime, zum Museo Paolo Orsi, zu den Katakomben und nach Neapolis. Linie 2 (rot), ab Molo San Antonio.

INFOS & ADRESSEN

Ufficio turistico regionale: Via Maestranza 33 (in einem Stadtpalast)
Gut zu wissen: Für Archäologie-Fans: Es gibt Kombikarten für den Parco archeologico und das Museo archeologico.

SEHENSWERTES

Wir haben den Besuch in zwei Abschnitte aufgeteilt:
1. Ortygia
2. Neapolis

Von der Piazza Archimede bis zum Castello Maniace sind es 10 Minuten zu Fuß.

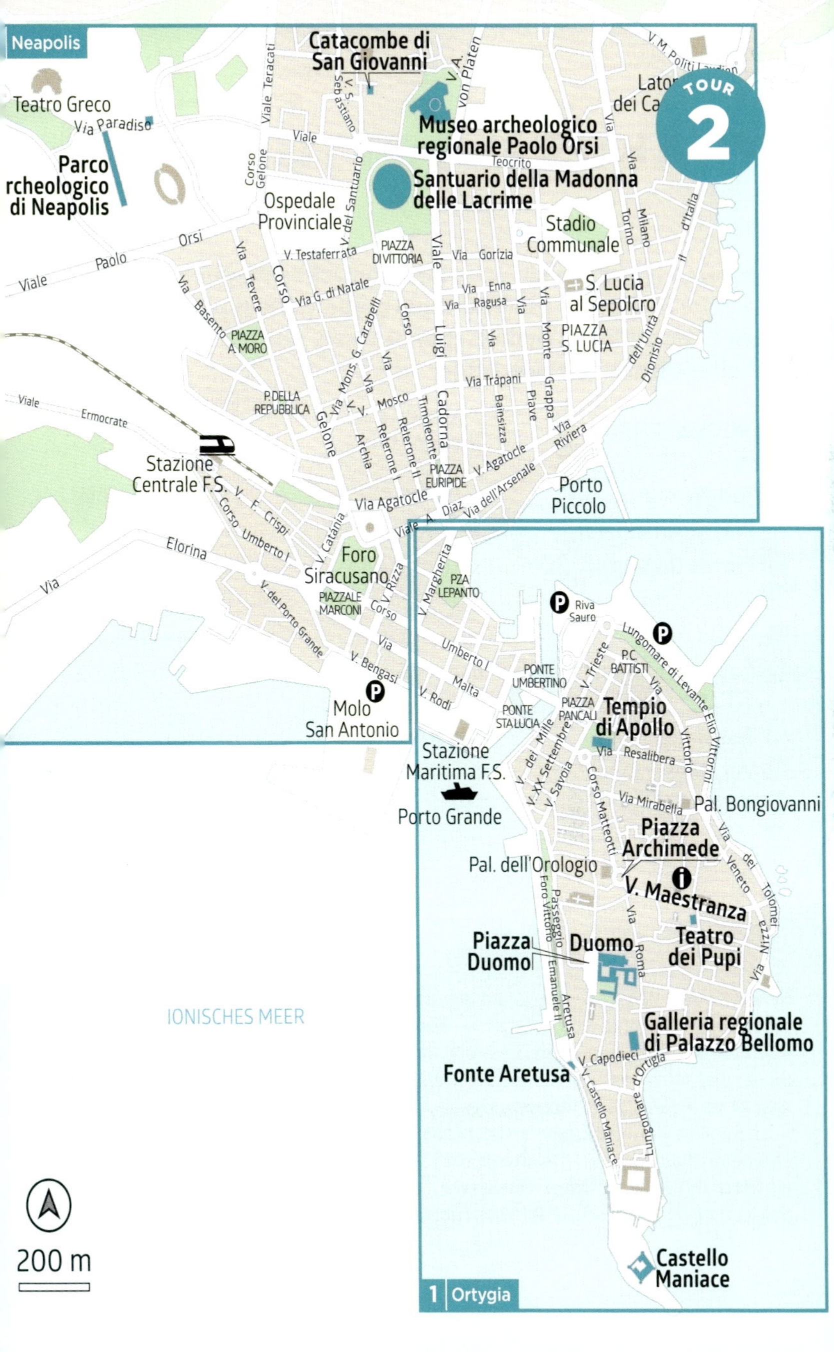
Neapolis
TOUR 2
Catacombe di San Giovanni
Teatro Greco
Via Paradiso
Parco archeologico di Neapolis
Museo archeologico regionale Paolo Orsi
Santuario della Madonna delle Lacrime
Ospedale Provinciale
Stadio Communale
S. Lucia al Sepolcro
PIAZZA S. LUCIA
PIAZZA DI VITTORIA
PIAZZA A. MORO
P. DELLA REPUBBLICA
PIAZZA EURIPIDE
Stazione Centrale F.S.
Porto Piccolo
Foro Siracusano
PIAZZALE MARCONI
PZA LEPANTO
Molo San Antonio
Riva Sauro
P.C. BATTISTI
PONTE UMBERTINO
PONTE S.TA LUCIA
PIAZZA PANCALI
Tempio di Apollo
Stazione Marittima F.S.
Porto Grande
Pal. Bongiovanni
Piazza Archimede
Pal. dell'Orologio
V. Maestranza
Teatro dei Pupi
Piazza Duomo
Duomo
Galleria regionale di Palazzo Bellomo
Fonte Aretusa
Castello Maniace
IONISCHES MEER
200 m
1 Ortygia

SYRAKUS 1 ORTYGIA

Die Insel Ortygia, die sich aus dem Ionischen Meer erhebt, ist einfach bezaubernd. Die Stadt aus gelbem Stein präsentiert sich als ein Labyrinth aus malerischen Gassen, das bei Eintritt der Dunkelheit fast noch prächtiger wirkt.

HIGHLIGHTS

- A Tempio di Apollo
- B Piazza Archimede
- C Piazza Duomo
- D Duomo
- E Fonte Aretusa
- F Galleria Regionale di Palazzo Bellomo
- G Teatro dei Pupi
- H Via Maestranza
- I Bootstour
- J Castello Maniace

PAUSE UND EINKAUFEN

- 1 Mercato
- 2 Caseificio Borderi
- 3 Fratelli Burgio
- 4 Cafè Archimede
- 5 Gelateria Belfiore
- 6 Olive
- 7 Terracotta di Sicilia
- 8 Massimo Izzo

RESTAURANTS UND BARS

- 9 Sicilia in Tavola
- 10 Taberna Sveva
- 11 Divino Mare
- 12 Don Camillo
- 13 Biblios Café
- 14 Enoteca Solaria

EIN WENIG GESCHICHTE

Syrakus wurde 734 v. Chr. gegründet und war eine der reichsten griechischen Kolonien, die von vielen begehrt wurde. Tyrannen wie der berühmte Dionysios, die die Stadt mit eiserner Hand regierten, waren bestrebt, ihr Glanz zu verleihen. Die berühmten Dichter Pindar und Aischylos weilten hier, sogar Platon, der von der Stadt so begeistert war, dass er sie dreimal besuchte, um vergeblich sein politisches Ideal zu verwirklichen. Auch Syrakus war vom schweren Erdbeben des Jahres 1693 stark betroffen und wurde unter Beibehaltung des mittelalterlichen Stadtbildes wieder aufgebaut. Das alles macht die **Insel Ortygia**, die Wiege von Syrakus, zu einem großartigen Mosaik verschiedener Stilrichtungen: griechisch, arabisch, normannisch, spanisch – ein ganz besonderer Ort!

TOUR 2
IONISCHES MEER
PIAZZA LEPANTO
Via Margherita
Corso
Via
V. Palermo
Umberto I
Cairoli
Via
Via
Rodi
Malta
5
V. L. Greco
Cassia
PONTE UMBERTINO
PONTE STA LUCIA
Stazione Maritima F.S.
Riva Sauro
Posta
PIAZZA DELLA POSTA
Via del Forte Casanova
Lungomare di Levante
PIAZZA C. BATTISTI
2
3
R. d. Posta
V. Trieste
V. R. Lanza
V. Trento
Dione
11
1
Via E. de Benedictis
PIAZZA PANCALI
Tempio di Apollo
A
Via dei Mille
XX Settembre
Largo XXV Luglio
Savoia
Via Resalibera
Via Vittorio
Elio Vittorini
Corso Matteotti
Via Dione
San Pietro
Via Mirabella
Palazzo Bongiovanni
I
Bootstour
Porto Grande
Via G. Mazzini
Via
Via
7
V. dei Cordari
Via Cavour
B
Piazza Archimede
Via Montalto
Via Veneto
Via dei Tolomei
Fontana di Diana
V. Montalto
6
9
V. dei Sti Coronati
Foro Vittorio Emanuele II
Passeggio Aretusa
V. d. Consiglio Regionale
V. d. Collegio
8
4
H
V. Maestranza
Palazzo Impellizzeri
12
13
Via Roma
Palazzo Mergules-Montalto
G
Teatro dei Pupi
Palazzo Rizza
Palazzo Beneventano del Bosco
Mairie
Via Nizza
Duomo
D
Piazza Duomo
C
V. della Giudecca
14
PIAZZA S. GIUSEPPE
Bastione di Forte Viglena
Sta Lucia alla Badia
V. P. Picherali
PIAZZA S. ROCCO
Via Nizza
V. Eolo
E
Fonte Aretusa
Via Capodieci
V. d'Ortigia
F
Galleria regionale di Palazzo Bellomo
V. Sta Teresa
V. Castello Maniace
Lungomare Alfeo
V. Salomone
Lungomare
10
PIAZZA F. DI SEVEVIA
V. Abela
Università
J
Castello Maniace
200 m

SYRAKUS HIGHLIGHTS

1 ORTYGIA

A TEMPIO DI APOLLO

Largo XXV Luglio

Der **Apollontempel** markiert den Eingang nach Ortygia. Zwar ist nicht mehr viel von ihm übrig, doch er war der älteste bekannte dorische Tempel, der von Griechen auf Sizilien gebaut wurde.

B PIAZZA ARCHIMEDE

Dieser schöne Platz wurde nach dem Gelehrten **Archimedes** benannt, der im 3. Jh. v. Chr. in Syrakus lebte und als einer der bedeutendsten Mathematiker der Antike gilt. In der Belle Époque spazierte die feine Gesellschaft gern um die **Fontana di Diana** herum. Rund um den Brunnen reihen sich Paläste aneinander. Der Palazzo Mergulese-Montalto (14. Jh.), der nur wenige Meter entfernt in der Via Montalto steht, ist ein Wunderwerk der Ornamentik.

C PIAZZA DUOMO

Kirche Santa Lucia | Eintritt frei

Das prächtige Herz von Ortygia erstrahlt abends im Lichterglanz, wenn die Fassaden illuminiert werden: eine barocke Theaterkulisse an der Stelle der antiken Akropolis. Gegenüber dem Rathaus verbirgt der **Palazzo Beneventano del Bosco** hinter seinen Mauern aus dem 18. Jh. einen herrlichen gepflasterten Innenhof. Besuchen Sie auch die hübsche Rokokokirche **Santa Lucia alla Badia**, die ein Gemälde von Caravaggio birgt.

D DUOMO

Piazza Duomo | Eintritt

Vom einstigen griechischen Tempel (dorische Säulen auf der linken Seite) bis zum Barock nach dem Erdbeben (wellenförmige Fassade): ein interessanter Stilmix mit schönen Werken im Inneren.

E FONTE ARETUSA

Kommen Sie am späten Nachmittag oder bei Sonnenuntergang hierher, um ein Eis an diesem romantischen **Brunnen** zu essen, auf dem Papyrus wächst und Enten schwimmen – wenige Meter vom Meer.

F GALLERIA DI PALAZZO BELLOMO

Via Capodieci 14–16 | Eintritt

Über dem Erdgeschoss erhebt sich eine Etage im Stil der katalanischen Gotik (15. Jh.). Hauptstück der Gemälde- und Skulpturensammlung ist *Die Verkündigung* von Antonello da Messina (1474).

G TEATRO DEI PUPI

Via della Giudecca 17–19 | www.pupari.com

Im **Marionettentheater** von Syrakus, einem der letzten aktiven Puppentheater, werden zur großen Freude der Kinder die traditionellen Geschichten des Ritters Karl des Großen nachgespielt.

H VIA MAESTRANZA

Vor 1693 lag hier eine Straße der Handwerker. Nach dem Erdbeben wurde die Via Maestranza zu einem eleganten Boulevard der Aristokraten umgebaut – gesäumt von Palästen, unter denen der **Palazzo Impellizzeri** mit seinem Fries aus kolossalen Köpfen an der Fassade am auffälligsten ist. Die Via Maestranza grenzt im Norden an das ehemalige jüdische Viertel, die **Giudecca**. Ein Zeugnis dieser Epoche ist die Mikwe aus byzantinischer Zeit, ein rituelles Reinigungsbad, das inzwischen restauriert wurde.

I BOOTSTOUR

Porto Grande

Mehrere Agenturen, die von Porto Grande aus starten, bieten die Möglichkeit, Ortygia vom Wasser aus zu entdecken (45 Min.–1 Std.). Sie haben auch Bootstrips zu Meereshöhlen im Angebot.

J CASTELLO MANIACE

Piazza F. di Svevia | Eintritt

Diese **Festung** erhebt sich auf der Südspitze von Ortygia. Sie wurde im 13. Jh. unter dem Staufer Friedrich II. erbaut und ist selten zu besichtigen, lädt aber zu einen herrlichen Spaziergang am Meer ein.

SYRAKUS PAUSE UND EINKAUFEN

1 ORTYGIA

1 MERCATO

• Ein überdachter Markt *(antico mercato)* sowie einer im Freiem in den umliegenden Straßen.
• Hier kann man auf die Schnelle etwas essen.
Via Emmanuele de Benedictis | Mo–Sa 7.30–14 Uhr (Bild)

2 CASEIFICIO BORDERI

• In der Nähe des Marktes befindet sich ein sehr beliebter, appetitanregender Feinkostladen.
• Köstliche, nach Wunsch individuell belegte *panini*.
Via Emmanuele de Benedictis 6 | Mo–Sa 7–16 Uhr

3 FRATELLI BURGIO

»Wenn es auf der Terrasse keinen Platz gibt, bestelle ich mir ein *panino* zum Mitnehmen, verfeinert mit den besten Zutaten der Region.«
Piazza Cesare Battisti 4 | Mo–Sa 7–15.30 Uhr

4 CAFÈ ARCHIMEDE

»Ein schöner Platz mit Brunnen, eine kleine Terrasse und leckere *granite*: eine meiner Lieblingsadressen, um den Tag zu beginnen!«
Piazza Archimede 22 | tgl. 7–22, Sa bis 23 Uhr

5 GELATERIA BELFIORE

• Tolles hausgemachtes Eis. Besonders beliebt ist hier die Sorte Schokolade, die in verschiedenen Varianten angeboten wird.
• Wunderbare Sorbets mit Früchten der Saison.
Via L. Greco Cassia 5 | Di–So

6 OLIVE

»In diesem Feinkostladen finden Sie erlesene Produkte, um ein bisschen Sizilien wie Centonze-Öl mit nach Hause zu nehmen.«
Via Cavour 27 | tgl. 9.30–13.30, 16.30–20.30, Sommer bis 21.30 Uhr

7 TERRACOTTA DI SICILIA

• Die berühmten Keramiken von Caltagirone, ganz nach alter Tradition.
• Im Sortiment sind »Teste di Moro« (»Maurenköpfe«), Vasen, Schalen, dekorative Teller etc.
Via Savoia 18 | tgl. 8–20 Uhr

8 MASSIMO IZZO

• Ein Juwelier, der das elegante Syrakus verkörpert.
• Teils spektakuläre Objekte, inspiriert von den Fluten oder Medusa, Edelsteine und rote Korallen.
P. Archimede | Mo 16–20, Di–Sa 9–13, 16–20, Sommer 9–20 Uhr

TOUR
2
DI ARANCE
DI ARANCE

SYRAKUS RESTAURANTS UND BARS

1 ORTYGIA

9 SICILIA IN TAVOLA

• Diese Institution ist für ihre schmackhafte hausgemachte Pasta und Fischgerichte bekannt.
• Eine Empfehlung sind die Spaghetti mit Seeigeln!
Via Cavour 28 | Di–So 12.30–14.30, 19.30–22.30 Uhr

10 TABERNA SVEVA

• Serviert wird eine authentische und vorzügliche Küche, die bestens mit Fisch umgehen kann.
• An einem ruhigen, etwas abgelegenen Platz.
Piazza F. di Svevia | tgl. 12–14.30, 19–22.30 Uhr

11 DIVINO MARE

»Nur wenige Schritte vom Markt entfernt liegt das Fischrestaurant meines Vertrauens, in dem alles tagesfrisch ist. Mit gemütlicher Terrasse.«
Via R. Lanza 10 | Mi–Mo 12–23 Uhr

12 DON CAMILLO

• Das Gourmet-Restaurant in Syrakus, das sich mit seiner traditionellen, raffinierten Küche einen Namen gemacht hat.
• Himmlische Gambas!
Via della Maestranza 96 | Mo–Sa 12.30–14.30, 20–22.30 Uhr

13 BIBLIOS CAFÉ

• Café und Buchhandlung, auch für den *aperitivo*.
• Ein lebendiger Ort des kulturellen Austauschs mit Italienischkursen und Schreibwerkstätten.
Via Consiglio Regionale 11 | Mi–Mo 16–22 Uhr

14 ENOTECA SOLARIA

• Sizilianische Weinbar für den Gourmet-Aperitif.
• Wein aus dem Glas, *bruschette* sowie Wurst- und Käsebretter, die man sich wunderbar teilen kann.
Via Roma 86 | Mo–Sa 11.30–14.30, 18–1 Uhr

TOUR 2

SYRAKUS
2 NEAPOLIS

Auf dem Festland schließt sich der übrige Teil von Syrakus an – weniger malerisch, aber ebenso spannend. Hier befinden sich die griechisch-römischen Überreste von Neapolis, der »neuen Stadt« (nach den Erweiterungen im 5. Jh. v. Chr.), das ausgezeichnete Archäologische Museum und unter der Erde eine in diesem Teil der Welt seltene Kuriosität: ein ausgedehntes System frühchristlicher Katakomben!

A SANT. MADONNA DELLE LACRIME

Via del Santuario 33 | Eintritt frei

Eine Statuette der Jungfrau Maria soll an einem Tag im Jahr 1953 echte Tränen geweint haben. Das Wunder führte 1994 zum Bau dieser seltsamen Betonkirche, die etwas wie ein Raumschiff wirkt.

B MUSEO ARCHEOLOGICO REGIONALE PAOLO ORSI

Viale Teocrito 66 | Eintritt

Eines der bedeutendsten **archäologischen Museen** Siziliens. Die außergewöhnlichen Sammlungen dieses Hauses sind ein Muss für Antike-Fans und erzählen Siziliens Historie von der Vorgeschichte bis zur byzantinischen Epoche. Zu den Highlights gehören die Marmorstatue Venus Landolina, die Guy de Maupassant inspirierte, und der eindrucksvolle Sarkophag der Adelphia, der rundherum mit biblischen Szenen verziert ist.

C CATACOMBE DI SAN GIOVANNI

Via San Sebastiano | Eintritt

Die größten Katakomben außerhalb von Rom! Sie betreten die Unterwelt durch eine Kirche unter freiem Himmel und gehen durch Gänge, die von Hunderten von Nischen und Kapellen gesäumt sind.

D PARCO ARCHEOLOGICO DELLA NEAPOLIS

Via Paradiso | Eintritt

Das **Teatro Greco**, das größte antike Theater Siziliens, bildet mit seinen in den Fels gehauenen Sitzreihen einen perfekten Halbkreis und bot 15 000 Zuschauern Platz. Aischylos und Euripides, die berühmtesten griechischen Dramatiker, führten hier ihre Stücke noch zu ihren Lebzeiten auf. Ein weiteres Highlight sind die **Latomie del Paradiso**, antike Steinbrüche in einem archäologischen Park, in dem sich auch ein botanischer Garten befindet.

 Die jeweiligen Öffnungszeiten finden Sie im Register ab S. 180.

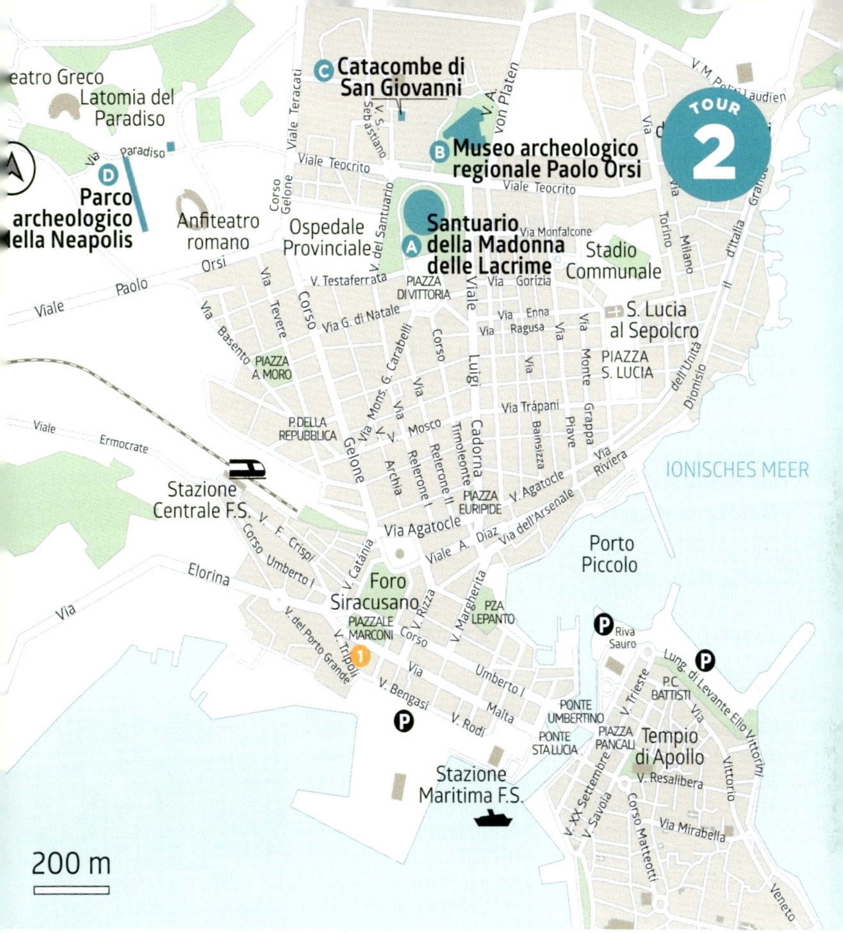

TOUR 2
C Catacombe di San Giovanni
B Museo archeologico regionale Paolo Orsi
A Santuario della Madonna delle Lacrime
D Parco archeologico della Neapolis
eatro Greco
Latomia del Paradiso
Anfiteatro romano
Ospedale Provinciale
Stadio Communale
S. Lucia al Sepolcro
PIAZZA S. LUCIA
PIAZZA DI VITTORIA
PIAZZA A. MORO
P. DELLA REPUBBLICA
PIAZZA EURIPIDE
Stazione Centrale F.S.
Foro Siracusano
PIAZZALE MARCONI
PZA LEPANTO
Porto Piccolo
IONISCHES MEER
Riva Sauro
P.C. BATTISTI
PONTE UMBERTINO
PONTE STA LUCIA
PIAZZA PANCALI
Tempio di Apollo
Stazione Maritima F.S.
Viale Teocrito
Viale Paolo Orsi
Viale Ermocrate
Via Elorina
Corso Umberto I
Via Agatocle
Viale A. Diaz
Via dell'Arsenale
Via Riviera
Corso Gelone
Viale Luigi Cadorna
Via Tripoli
V. del Porto Grande
Via Malta
V. Bengasi
V. Rodi
Lung. di Levante Elio Vittorini
Via Vittorio Veneto
Corso Matteotti
Via Mirabella
V. Resalibera
V. XX Settembre
V. Savoia
V. Trieste
Via Testaferrata
Via G. di Natale
Via Gorizia
Via Trápani
Via Monfalcone
Viale Teracati
V. S. Sebastiano
V. A. von Platen
Via Paradiso
Via Torino
Via Milano
Via Tevere
Via Basento
Via Mons. G. Carabelli
Corso Timoleonte
V. Catania
V. Rizza
V. Margherita
V. Crispi
Via Archia
Via Mosco
V. M. Politi Laudien
200 m

1 L'UFFICIO

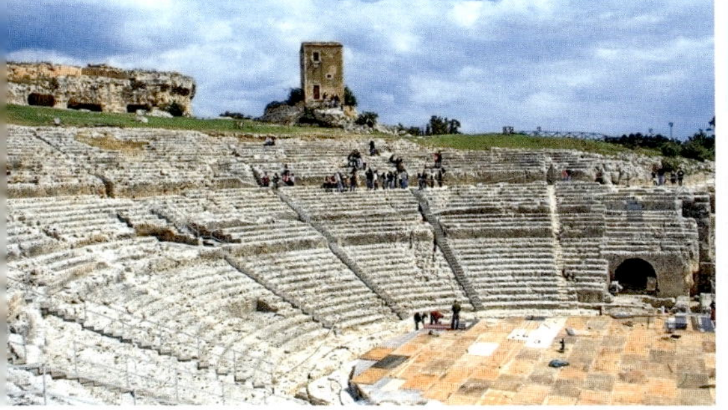

- Serviert wird eine raffinierte und sehr schmackhafte Küche mit ausgezeichneten Produkten (vor allem aus dem Meer).
- Sympathischer Empfang.

Via Tripoli 17–19 | Mi–Mo 13–15, 19–23 Uhr

VON SYRAKUS NACH TAORMINA (RIVIERA DEI CICLOPI)

- **145 km (2.40 Std. reine Fahrzeit)**
- **Die Strecke zwischen Syrakus und Catania ist wenig interessant; nehmen Sie am besten die Autobahn.**
- **Direktzug Syrakus–Taormina: 1.40–2 Std. (Bahnhof Taormina-Giardini, dann Bus oder Taxi in die Altstadt)**
- **Bus: umsteigen in Catania**

ACI TREZZA

Die Besonderheit dieses kleinen Fischerdorfs sind die Faraglioni, die die Küste säumen. Diese Lavainseln soll der Zyklop Polyphem einst aus Wut auf Odysseus und seine Gefährten geworfen haben.

CAFFÈ CIPRIANI

Acireale

- Gegenüber der Kirche San Sebastiano erstreckt sich eine große Terrasse, auf der Sie eine *granita con la brioche* verspeisen können: ein echter Leckerbissen!

Piazza Lionardo Vigo 3 | Do–Di

LA GROTTA

Acireale

- Genießen Sie Fisch, wie er frischer nicht sein könnte, mit Blick auf das große blaue Meer.
- Ausgezeichneter Meeresfrüchtesalat.

Via Scalo Grande 46 | Mi–Mo 13–14.30, 20–22.30 Uhr

ACIREALE

Zwischenstopp in einem bezaubernden Barockstädtchen

Die Piazza del Duomo wird auf drei Seiten von monumentalen Fassaden gesäumt: **Palazzo di Città**, **Basilica dei Santi Pietro e Paolo** (ganz in Weiß) und schließlich der **Dom** mit seinen zwei Glockentürmen. Sie sollten auch einen Blick auf die wunderschöne **Chiesa di San Sebastiano** werfen, deren theatralische Front zahlreiche Statuen zieren. Acireale ist auch für sein Marionettentheater bekannt. Besuchen Sie das bezaubernde Museum, das sich dieser traditionellen Kunst widmet. Das kleine Fischerdorf **Santa Maria la Scala**, 2 km vom Zentrum entfernt, ist eine gute Empfehlung für ein Mittagessen mit Meeresfrüchten. Die Bürger von Catania lieben es!

Francavilla di Sicília
Castelmola
Taormina
Randazzo
Giardini-Naxos
Naxos
Cesarò
Linguaglossa
Maletto
Parco regionale dell'Etna
Mareneve
Fiumefreddo
Bronte
Fondachello
Mascali
Ätna
3350 m
Fornazo
Giarre
L. di Pozzillo
Salso
Zafferana Etnea
Adrano
Regalbuto
Santa Maria la Scala
Nicolosi
Acireale
Catenanuova
Simeto
Mascalucia
Aci Trezza
Aci Castello
Catania
Misterbianco
IONISCHES MEER
Palagonía
Francofonte
Grammichele
Augusta
Sortino
Vizzini
Anapo
Riserva naturale Pantalica, Valle dell'Anapo
Syrakus
Florídia
Giarratana
Palazzolo Acreide
5
10 km
A18
A19
114
115
120
121
124
185
192
194
284
287
288
385
417
514
575

ETAPPE 6 TAORMINA

Romantisch thront die mittelalterliche blumengeschmückte Oberstadt über dem Meer. Und dann das imposante griechische Theater mit dem Ätna im Hintergrund! Ein elegantes, etwas trendiges und sehr touristisches Reiseziel.

- **Die Innenstadt ist für den Verkehr gesperrt.**
- **Parken (Gebühr): Parcheggio Lumbi im Norden (kostenloser Pendelbus ins Zentrum oder 10 Min. zu Fuß); Porta Catania im Süden (200 m vom Corso Umberto I entfernt)**
- **Eine Seilbahn (alle 15 Min.) verbindet die Oberstadt mit dem Stadtviertel Mazzarò am Meer.**
- **Tourist-Info: Palazzo Corvaja 1**

HIGHLIGHTS

A Teatro Greco
B Corso Umberto I
C Duomo
D Palazzo dei Duchi di S. Stefano
E Piazza IX Aprile
F Villa Comunale
G Isola Bella
H Tauchen
I Strände in der Umgebung

PAUSE UND EINKAUFEN

1 Da Cristina
2 Arco Rosso
3 Villa Zuccaro
4 Gelatomania
5 Bam Bar
6 Laboratorio Pasticceria Roberto
7 Le Colonne

RESTAURANTS UND BARS

8 Al Giardino
9 Tischi Toschi
10 Trattoria Tiramisù
11 Il Barcaiolo
12 Daiquiri Lounge
13 Timoleone Café

TOUR
2

Via Leonardo Da Vinci
Autostrada Messina - Catania
Monte Tauro
Castello di Taormina
Madonna della Rocca
Salita Castello
V. Cappuccini
Viale
San
P (300 m
Pancrazio
San Pancrazio
Porta Messina
Via
Odeon
4
Palazzo Corvaja
Santa Caterina d'Alessandria
P.VITTORIO EMANUELE
P.STA CATERINA
Naumachie
Circonvallazione
Bosco
Don
Via
Umberto I
Via Naumachie
Via Naumachie
Via Giardinazzo
V. Calapitrulli
Via G. di Giovanni
V. Timoleone
V. Iallia Bassia
V. Degli Stategi
Via Teatro Greco
5
13
2
6
V. Ginnasio
Vico Cieco del Ginnasio
8
V. Dionisio Primo
V. Dionisio Siculo
PIAZZA DEL CARMINE
Museo Archeologico
Badia Vecchia
Via
San Giuseppe
Torre dell'Orologio
E
Piazza IX Aprile
Sant'Agostino
Corso
Via Roma
3
B
Corso Umberto I
PIAZZA CARMINE
V. A. Arcageta
10
Porta Catania
V. Crocifisso
PIAZZA PALADINI
PIAZZA DEL
V. de DUOMO
Spuches
C
Duomo
9
Vico F. Paladini
7
D
Palazzo dei Duchi di Santo Stefano
1
12
Via P. Rizzo
V. Strabone
PIAZZALE S. DOMENICO
Roma
Via Crocifisso
Via Madonna delle Grazie
F
Villa comunale
Bag
Via
Nazionale
Via
Taormina-Giardini
IONISCHES MEER
S 114
I
Giardini Naxos (5 km)

Spisone (850 m), 11 (150 m)
Lido Mazzarò
Funivia (Seilbahn)
Guglielmo Marconi
Mazzarò
S 114
Via Guardiola Vecchia
Luigi
Via Bongiovanni
Via Bongiovanni
Via Guardiola
Teatro Greco
A
Tauchen
H
Nazionale
Via
Vecchia
Pirandello
Antiquarium
Belvedere
Pirandello
Croci
Via
Isola Bella
G
Villa Caronia
Via Luigi
Via
P 10
Luigi
Pirandello
Via
Nazionale
200 m
Capo Taormina

TAORMINA HIGHLIGHTS

Ⓐ TEATRO GRECO

Via Teatro Greco | Eintritt

Eines der typischen Postkartenmotive Siziliens. Das größte antike **Theater** der Insel hat einen Durchmesser von 110 m und ist vor allem auch wegen seiner atemberaubenden **Aussicht** auf das Meer und den Ätna hinter der Bühne einen Besuch wert. Der Vulkan ist die perfekte natürliche Kulisse für so manches Theaterstück, schon Goethe konnte sich dafür begeistern. Im Sommer finden hier auch Konzerte und Filmvorführungen statt.

Ⓑ CORSO UMBERTO I

Von der Porta Messina bis zur Porta Catania durchquert der Corso die historische Stadt. Er wird von eleganten Palästen und Kirchen gesäumt und ist allabendlich Schauplatz der *passeggiata*.

Ⓒ DUOMO

Piazza del Duomo | tgl. 8.30–20 Uhr | Eintritt frei

Die **befestigte Kathedrale** wirkt mittelalterlich robust. Spätere Umbauten brachten jedoch raffinierte Details mit sich, wie man an den Portalen erkennen kann. Hübscher Barockbrunnen auf der Piazza.

Ⓓ PAL. DEI DUCHI DI SANTO STEFANO

Via de Spuches | Eintritt frei

Ein schöner Garten umgibt diesen feudalen Adelssitz mit zarten gotischen Verzierungen an der Fassade. Beachten Sie den zweifarbigen Fries: Er ist ein Erbe der arabischen Tradition auf der Insel.

 Die jeweiligen Öffnungszeiten finden Sie im Register ab S. 180.

E PIAZZA IX APRILE

Zusammen mit dem Theater ist dies der zweite beliebte Aussichtspunkt der Stadt: ein Balkon mit Blick auf das Meer und den Ätna, gesäumt von zwei Kirchen, dem Uhrturm und vielen Cafés.

F VILLA COMUNALE

Via Bagnoli Croci | Eintritt frei

Setzen Sie sich zwischen Bougainvilleen auf eine Bank mit Meerblick. Der **öffentliche Garten** gehörte einer vogelbegeisterten schottischen Lady, die hier seltsame Bauten für die Tiere entwarf.

G ISOLA BELLA

Mit der Seilbahn oder zu Fuß (ca. 30 Min.) | Eintritt (Bild)

Die berühmte **Halbinsel** von Taormina – im Sommer zwangsläufig überfüllt. Am Ende des langen Kiesstrands befindet sich die Villa Caronia, die eine kleine Ausstellung über Flora und Fauna birgt.

H TAUCHEN

www.diveniketaormina.com

»Rund um Isola Bella verbirgt sich eine farbenfrohe Unterwasserwelt, die von tausenden Fischen bewohnt wird. Machen Sie einen Tauchgang, betreut von einem Team von Nike Diving!«

I STRÄNDE IN DER UMGEBUNG

Neben Isola Bella ist der nächstgelegene Strand **Lido Mazzarò** (Zugang über die Seilbahn). Beachten Sie, dass er im Sommer sehr überfüllt ist und die Sonnenschirme kostenpflichtig sind. Wenn Sie weniger Rummel suchen, begeben Sie sich nach **Spisone**, 2 km nördlich (zu Fuß von der Seilbahn oder mit dem Bus). Südlich von Taormina – mit regelmäßigen Busverbindungen – befindet sich der Badeort **Giardini Naxos** mit seinem langen Strand.

TAORMINA PAUSE UND EINKAUFEN

1 DA CRISTINA

- Ideal für ein schnelles Gericht zur Mittagszeit.
- Verschiedene *arancini* und Pizzastücke.
- Zum Essen vor Ort oder auch zum Mitnehmen.

Via Strabone 2 | Sommer tgl. 9–23 Uhr, Winter Mi geschl.

2 ARCO ROSSO

- *Bruschette*, *panini*, Wurst- und Käsebretter sowie Wein im Glas.
- Ein schöner Ort für ein rasches Mittagessen oder abends zum Aperitif.

Via Naumachia 7 | Do–Di 12–24 Uhr

3 VILLA ZUCCARO

- Leckere Pizzen und *antipasti* (Vorspeisen) auf einer großen Terrasse, wenige Meter vom Corso Umberto I entfernt.

Piazza Carmine 5 | Do–Di 12–23.30, Sa bis 24, Mi 18.30–23.30 Uhr

4 GELATOMANIA

»Das Eis in diesem kleinen Laden nahe der Porta Messina ist ein Genuss! Auch die perfekt zubereiteten Brioches kann ich nur empfehlen.«

Corso Umberto 7 | tgl. 9.30–23.30 Uhr

5 BAM BAR

- Die beste Adresse der Stadt für eine *granita*!
- Interessante Geschmacksrichtungen: frische Früchte, aber auch Mandel oder *caffè con panna* (Kaffee).

Via di Giovanni 45 | Di–So 7–20 Uhr, im Sommer länger

6 LABORATORIO PASTICCERIA ROBERTO

- Diese Konditorei ist das unangefochtene Mekka für *cannoli*!
- Probieren Sie auch die *mafiosi* mit Pistazien …

Via Calapitrulli 19 | tgl. 9–19, Aug. bis 24, Juni, Juli 9–20 Uhr, Nov.–März geschl. (Bild)

7 LE COLONNE

- Die Juweliere Alvaro & Correnti lassen sich bei ihren Stücken vom griechischen, römischen und barocken Sizilien inspirieren.

Corso Umberto 164 | tgl. 9–20.30, Aug. bis 21 Uhr, Feb. geschl.

TAORMINA RESTAURANTS UND BARS

8 AL GIARDINO

• Terrasse mit Aussicht.
• Parmesan-Pistazien-Ravioli, Fischfilet mit Kapern, Ricotta-*fritelle* (Krapfen) mit Ätna-Honig.
Via Bagnoli Croci 84 | tgl. 12–15, 18–22.30 Uhr, März nur Mi–Mo, Nov.–März geschl.

9 TISCHI TOSCHI

»Mein Favorit für ein romantisches Abendessen in einer Seitengasse. Ich empfehle die *tagliatelle al ragù* mit Fischragout.«
Vico F. Paladini 3 | Di–So 12.30–13.30, 19–23 Uhr, Winter Mo, Di mittags geschl.

10 TRATTORIA TIRAMISÙ

• Freundlicher Empfang, sehr gutes Preis-Leistungs-Verhältnis.
• Spezialität: *linguine all' eoliana* (mit Zackenbarsch, Minze und Pinienkernen).
Via A. Arcageta 9 | Di–So 19–23 Uhr, Winter eingeschränkt

11 IL BARCAIOLO

• Sehr romantisch, direkt am Wasser in Mazzarò.
• Leckere Pasta nach Art des Hauses mit Schwertfisch und Gemüse.
Via Castelluccio 43 | März–Dez. tgl. 13–14.30, 19–22 Uhr, Juli, Aug. Di geschl.

12 DAIQUIRI LOUNGE

»Für alle, die Lust auf einen Cocktail haben und das Nachtleben genießen wollen, während man sich auf den Stufen vor der Bar zwanglos unterhält.«
Piazza Paladini 4/5 | Fr–So 17.30–2 Uhr

13 TIMOLEONE CAFÉ

• *Bruschette*, Wein und Bier in einem schönen Garten.
• Probieren Sie die Pasta des Chefs mit Pistazien, Tomaten und Mandeln.
Via Timoleone 6 | Mo–Sa April–Okt. 10–24 Uhr, Juli, Aug. länger, Nov.–März geschl. (Bild)

TAGESAUSFLUG VON TAORMINA

MESSINA

UND MITTELALTERLICHE BERGDÖRFER

- **125 km hin und zurück (2.40 Std. reine Fahrzeit)**
- **Bus Taormina–Messina: 1–2 Std. (www.interbus.it)**

FORZA D'AGRÒ UND SAVOCA

Die Dörfer der Trilogie »Der Pate«

Zwei mittelalterliche Bergdörfer, die ihre Seele behalten haben! Francis Ford Coppola drehte hier mehrere Szenen seines Films *Der Pate*, weil er hier das authentische Sizilien zu finden glaubte. In **Forza d'Agrò** kann man durch enge Gassen bis zu den Ruinen der Burg wandern. In **Savoca** sollten Sie unbedingt zur Bar Vitelli pilgern, in der Michael Corleone in *Der Pate I* seine künftige Frau kennenlernt. Die Hochzeitsszene wurde ebenfalls dort gedreht.

MESSINA

Eine Hafenstadt mit einer tragischen Geschichte: das Erdbeben im Jahr 1908, dem die Hälfte der Bevölkerung zum Opfer fiel, und die Bombenangriffe des Zweiten Weltkriegs. Schlendern Sie durch das Viertel rund um den **Dom** mit seiner erstaunlichen **astronomischen Uhr**. Im **Museo Regionale** lassen sich die Werke von **Antonello da Messina**, des berühmtesten sizilianischen Malers, sowie zwei Gemälde von **Caravaggio** bewundern.

ROSTICCERIA FAMULARI

Messina

- Das Mekka der *arancini* (panierte und frittierte Reisbällchen), einer Spezialität aus Messina: 40 verschiedene Sorten stehen zur Auswahl!

Via C. Battisti 143 | tgl. 8–23 Uhr

TRATTORIA DEL POPOLO

Messina

- Unter den Arkaden eines runden Platzes.
- Rustikale lokale Küche, u. a. Tintenfisch und *stocco* (getrockneter Kabeljau).

Piazza F. Lo Sardo 30 | tgl. 10–15, 20–23.30 Uhr, So abends geschl.

TOUR 2
TYRRHENISCHES MEER
Capo di Milazzo
Villafranca Tirrena
Straße vo Messina
Spadafora
113
Milazzo
Bauso
Messina
Rometta
Santa Lucia del Mela
A20
Barcellona-Pozzo di Gotto
Terme Vigliatore
Castroreale
A18
114
185
Novara di Sicilia
Alí Terme
Roccalumera
Savoca
Casalvecchio Siculo
S. Teresa di Riva
Sant'Alessio Siculo
Forza d'Agrò
C. S. Alessio
IONISCHES MEER
A18
114
185
Castelmola
Taormina
Linguaglossa
Giardini-Naxos
Naxos
Fiumefreddo di Sicilia
0
5
10 km

AUSFLUG (DREI TAGE) VON TAORMINA

LIPARISCHE INSELN

LIPARI UND STROMBOLI

- **Taormina–Milazzo (Hafen): mit dem Bus, umsteigen in Messina; 86 km (1 Std.) mit dem Auto**
- **Parken Sie Ihr Auto in Milazzo (Parkgebühr).**
- **Überfahrt mit dem Tragflügelboot (*aliscafi*, 1 Std.): im Sommer ca. 15 Verbindungen/Tag, Reservierung unter www.libertylines.it. Achtung: Bei schlechtem Wetter fallen die Abfahrten aus. Halten Sie einen Tag zwischen der Überfahrt nach Milazzo und Ihrem Rückflug frei.**
- **Das Süßwasser kommt vom Festland. Seien Sie also sparsam!**
- **Höhere Preise als im übrigen Sizilien, in der Hochsaison besonders teuer. Lassen Sie sich jede Hotelbuchung schriftlich bestätigen.**

LIPARI

Zwei natürliche Buchten haben eine frühe Besiedlung der größten Insel des Archipels begünstigt. Besichtigen Sie in der Stadt **Lipari** den charmanten kleinen Hafen **Marina Corta**, den Corso V. Emanuele und die Via Garibaldi, wo es im Sommer von Menschen wimmelt. Besuchen Sie das Museum und besteigen Sie die **Burg** aus dem 16. Jh. Und vielleicht mieten Sie sich ein Auto oder einen Motorroller, um die Insel zu umrunden (37 km).

DA GILBERTO E VERA ENAPINACOTECA

- Die köstlichen *panini*, verfeinert mit Kapern aus Salina, sind zu Recht überregional bekannt.
- Mitten in der Altstadt.

Lipari, Via Garibaldi 22 | März–Juni, Sept.–Nov. 7–14.30, 16.30–24, Juli, Aug. 7–2 Uhr

MUSEO ARCHEOLOGICO

Lipari | Eintritt

Ein interessantes Haus! Hier erfährt man einiges über die Bedeutung des Vulkangesteins Obsidian seit der Vorgeschichte. Und man kann sehr fein gearbeitete griechische Terrakotten bewundern.

TOUR 2
TYRRHENISCHES MEER
STROMBOLI
Ginostra
Scari
Liparische Inseln
PANAREA
FILICUDI
SALINA
LICUDI
LIPARI
Lipari
VULCANO
Capo di Milazzo
Milazzo
Capo d'Orlando
Tindari
Messina
Naso
Stefano
Camastra
Novara
di Sicilia
Alí Terme
Savoca
Parco regionale
dei Nebrodi
Francavilla
di Sicilia
Randazzo
Taormina
Naxos
Parco regionale
dell'Etna
Bronte
Ätna 3350 m
IONISCHES MEER
Nicosia
L. di
Pozzillo
Giarre
Zafferana
Etnea
Adrano
eonforte
0
10
20 km

AUSFLUG (DREI TAGE) VON TAORMINA

LIPARISCHE INSELN

LIPARI UND STROMBOLI

AUSSICHT AM OBSERVATORIUM

Lipari | Osservatorio Geofisico

Ein atemberaubendes Panorama: die spitzen Felsen (Faraglioni), die aus dem Wasser ragen, und der Krater der gegenüberliegenden Indel Vulcano. Zu Fuß (1 Std. südl. von Lipari) oder mit dem Auto.

SPIAGGIA VALLE MURIA

4 km südwestl. von Lipari

Der schönste **Strand** von Lipari – im Sommer sehr beliebt – ist eine Kieselsteinbucht, die sich an eine Klippe schmiegt. Sie erreichen ihn zu Fuß (15 Min.). Wasser für den Aufstieg mitbringen!

AUFSTIEG ZUM STROMBOLI VON LIPARI AUS

Eine Woche bis einen Monat im Voraus buchen (Touranbieter gibt es auch auf Stromboli, www.magmatrek.it) | mäßiger Schwierigkeitsgrad (keine Kinder unter 8 Jahren)

Dieser sagenumwobene Vulkan erhebt sich aus dem Meer und stößt ständig Gas, Staub und glühende Lava aus. Daher wird er traditionell bei Sonnenuntergang bestiegen und zwar grundsätzlich mit einem Führer. Von Lipari aus fahren Sie etwa mit der Agentur Da Massimo (www.damassimo.it) in der Regel um 12 Uhr mit dem Boot ab und steigen 2 bis 3 Std. vor Sonnenuntergang zum Gipfel auf (2.30 bis 3 Std. steiler, aber leichter Aufstieg, 1.30 Std. Abstieg). Die Rückkehr nach Lipari erfolgt gegen Mitternacht. Bringen Sie neben warmer Kleidung und gutem Schuhwerk auch eine Stirnlampe und ein Objekt zum Schutz vor Aschestaub mit (Halstuch bzw. Maske, auch vor Ort zu mieten).

TOUR
2

VON TAORMINA NACH CATANIA

- **65 km (1.20 Std. reine Fahrzeit)**
- **80 km zum Flughafen Catania-Fontanarossa (5 km südl. von Catania)**
- **Direktbus zum Flughafen (1.30 Std.): www.etnatrasporti.it**

CASTELMOLA

Bevor Sie sich zurück auf den Weg zum Flughafen machen, werfen Sie noch einen letzten Blick auf eine der schönsten Buchten der Insel. Ein Aufstieg zum Ort Castelmola *(Bild)* lohnt sich schon wegen der traumhaften Aussicht, die man von dort oben hat – von Kalabrien über die sizilianische Küste und Taormina bis hin zum mächtigen Ätna. Und vergessen Sie nicht, den Mandelwein *(vino di mandorla)*, eine lokale Spezialität, zu probieren.

ANTICO CAFFÈ SAN GIORGIO

Castelmola

- Seit 100 Jahren fest etabliert. Blick auf Taormina.
- Kaffee, Snacks und vor allem der hauseigene *vino di mandorla* (Mandelwein).

Piazza San Antonio 1 | Sommer 8–24, Winter 8–20 Uhr

PIZZERIA NINA

Castelmola

- Traumhafte Aussicht von der Terrasse.
- Leckere Pizzas aus dem Holzofen, Pilzliebhaber bestellen die Pizza Nina.

Impunta San Giorgio, Via Tutti Santi 1 | April–Okt. 12–22.30 Uhr

TOUR
2
Francavila di Sicilia
Gole dell'Alcantara
185
Castelmola
Taormina
A18
120
Linguaglossa
Giardini-Naxos
Contrada Sciara Manica
Naxos
Piano
Provenzana
Bosco Ragabo
Fiumefreddo di Sicilia
Mareneve
Fondachello
Ätna
3350 m
Mascali
S. Alfio
Fornazzo
Riposto
Milo
Giarre
Zafferana
Etnea
S.
Venerina
92
Pozzillo
IONISCHES MEER
A18
Santa Maria la Scala
Nicolosi
Acireale
Belpasso
Mascalucia
Aci Trezza
Aci Castello
284
A18
Misterbianco
Catania
417
A18
114
0
5
10 km

REGISTER

• Achtung: Viele Sehenswürdigkeiten und Museen sind zwischen 12 und 16 Uhr geschlossen. Aufgrund von Bauarbeiten, Budgetkürzungen usw. sind die Öffnungszeiten mancher Einrichtungen trotz der im Folgenden genannten Informationen unregelmäßig. Informieren Sie sich am besten im Voraus.
• Für Kinder unter 18 Jahren sowie am ersten Sonntag des Monats und an bestimmten Feiertagen ist der Eintritt oft frei.

A

B

R

S

T

U

V

W

Z

REISENOTIZEN

REISENOTIZEN

REISENOTIZEN

REISENOTIZEN

BILDNACHWEIS

Adobe
8, 17, 26 (l), 27, 28 (o), 30 (ol, or, ur), 32 (außer Ml), 33 (außer oM, ul), 34 (or, ul), 35 (ol), 38 (ol, or, uM, ur), 41 (ul), 43 (or, ur), 45 (ol, Ml, MM, Mr), 47, 50, 53, 58, 64 (u), 66 (o), 68 (u), 71, 74, 77 (u), 80 (o), 87, 88, 92–93, 94, 98, 107 (or, Ml, MM, ur), 108, 114 (u), 115, 120, 122, 123 (u), 126, 128, 131 (u), 134, 138, 148, 155, 156, 158, 160, 161, 169, 178

Shutterstock
11, 13, 18, 19, 21, 23, 24 (außer ur), 26 (r), 28 (M, u), 29, 30 (oM, ul, uM), 31 (außer uM), 32 (Ml), 33 (oM, ul), 34 (ol, oM, ur), 35 (uM), 37, 38 (oM, ul), 41 (or, uM, ur), 43 (ul, uM), 45 (or, u), 55, 56, 59, 60, 61, 64 (M), 66 (u), 67, 68 (M), 72, 76, 77 (o), 78 (u), 80 (u), 86, 90, 96, 100, 101, 102, 105, 107 (ol, Mr, ul), 114 (M), 116, 117, 123 (M), 124, 130 (o), 131 (l), 140, 141, 142, 144, 147, 150, 154, 157, 162, 165, 168, 170, 171, 172, 174, 176, 177

AgeFotostock
© Adam Eastland 84; Christophe Boisvieux 54, 146; CSP_kubator 75; DEA/A DAGLI ORTI 35 (or); Fototeca gilardi 35 (ur); Funkystock 133; Image Asset Management 35 (oM); Martino Motti 43 (ol); Sabine Lubenow 159; Zoonar/Valery Voenny 130 (u)

Hemis.fr
© BARBAGALLO Franco 43 (oM); BOISVIEUX Christophe 41 (oM); GUIZIOU Franck 31 (uM), 65, 118, 139; Robert Harding 119; MATTES René 41 (ol), 95, 111; John Warburton Lee 6

Photononstop
© Mary Evans Picture Library 35 (ul); Saffo Alessandro/Sime 24 (ur)

Die französische Originalausgabe mit dem Titel »Simplissime Sicile – le guide de voyage le + pratique du monde « erschien erstmals 2019 bei Hachette Livre (Hachette Tourisme) in Vanves, Frankreich.
Simplissime Sicile © Hachette Livre (Hachette Tourisme) 2019

Autorin: Lucie Tournebize
Kartografie: Frédéric Clémençon, Aurélie Huot, Kevin Richez
Grafische Gestaltung des Innenlayouts und des Umschlags: Studio HelloÉlo
Layout: Chrystel Arnould
Leiter der Buchreihe: Jean-François Mallet

Verantwortlich: Claudia Hohdorf
Übersetzung: Ewald Tange
Redaktion: booklab
Korrektorat: Ulla Thomsen
Satz: booklab
Repro: LUDWIG:media
Herstellung: Alexander Knoll
Printed in Slovenia by Florjancic

ISBN 978-3-7343-2499-4

Sind Sie mit diesem Titel zufrieden? Dann würden wir uns über Ihre Weiterempfehlung freuen.
Erzählen Sie es im Freundeskreis, berichten Sie Ihrem Buchhändler, oder bewerten Sie bei Onlinekauf. Und wenn Sie Kritik, Korrekturen, Aktualisierungen haben, freuen wir uns über Ihre Nachricht an Bruckmann Verlag, Postfach 40 02 09, D-80702 München oder per E-Mail an lektorat@verlagshaus.de

Unser komplettes Programm finden Sie unter 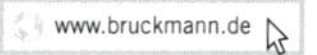

Alle Angaben dieses Werkes wurden von der Autorin sorgfältig recherchiert und auf den neuesten Stand gebracht sowie vom Verlag geprüft. Für die Richtigkeit der Angaben kann jedoch keine Haftung übernommen werden, weshalb die Nutzung auf eigene Gefahr erfolgt. Insbesondere bei GPS-Daten können Abweichungen nicht ausgeschlossen werden. Sollte dieses Werk Links auf Webseiten Dritter enthalten, so machen wir uns die Inhalte nicht zu eigen und übernehmen für die Inhalte keine Haftung. In diesem Buch wird aus Gründen der besseren Lesbarkeit das generische Maskulinum verwendet. Weibliche und anderweitige Geschlechteridentitäten werden dabei ausdrücklich mitgemeint, soweit es für die Aussage erforderlich ist.

Die Deutsche Nationalbibliothek verzeichnet diese Publikation in der Deutschen Nationalbibliografie; detaillierte bibliografische Daten sind im Internet über http://dnb.d-nb.de abrufbar.